Romanistische
Arbeitshefte   34

Herausgegeben von
Gustav Ineichen und Bernd Kielhöfer

Ekkehard Eggs / Isabelle Mordellet

Phonétique et phonologie du français

Théorie et pratique

Max Niemeyer Verlag
Tübingen 1990

Ekkehard Eggs a écrit les parties théoriques
Isabelle Mordellet a écrit les parties pratiques

CIP-Titelaufnahme der Deutschen Bibliothek

Eggs, Ekkehard:
Phonétique et phonologie du français : théorie et pratique / Ekkehard Eggs ; Isabelle Mordellet.
– Tübingen : Niemeyer 1990
  (Romanistische Arbeitshefte ; 34)
NE: Mordellet, Isabelle:; GT

ISBN 3-484-54034-6   ISSN 0344-676-x

TABLE DES MATIERES

0.   Note

La conception de ce livre est née d'un besoin: trouver, pour les étudiants, une synthèse entre théorie et pratique dans le domaine de la
"phonétique et phonologie". Dans l'enseignement universitaire, il y a,
en général, une nette séparation entre phonétique et phonologie,
c'est-à-dire entre des cours pratiques de prononciation et des
séminaires scientifiques. Dans les premiers, on parle sans réfléchir,
dans les deuxièmes on réflechit sans apprendre à parler. Nous avons
donc voulu combiner les deux en proposant, depuis plusieurs semes-
tres, un cours de *phonétique réfléchie* et de *phonologie pratique* aux
étudiants du séminaire de romanistique de l'Université de Hanovre.
Les réactions très positives de nos étudiants nous ont encouragés *et*
à améliorer les exemples et la progression didactique *et* à approfondir
les analyses théoriques. Ce livre est donc aussi le résultat d'un travail avec nos étudiants.
Il nous est bien difficile à décider, si nous avons réussi à réaliser la
synthèse voulue. Pour les uns, nous avons certainement mis 'trop de
théorie' dans ce livre, d'autres jugerons nos analyses trop simplistes.
Notre objectif est, peut-être, trop prétentieux: avec cette introduction
nous voulons, en effet, donner aux étudiants non seulement les moyens
nécessaires pour améliorer leur pratique linguistique, mais aussi les
qualifier pour porter un jugement réfléchi et approfondi sur les
grands "enjeux" actuels de la recherche en phonétique et phonologie.
C'est la raison pour laquelle nous ne nous sommes pas limités à expliquer la *phonologie générative* (qui propose actuellement les meilleures
analyses dans ce domaine), mais aussi à présenter l'*approche structuraliste* (cf. les chapitres 6, 7, 8, 9). Pour comprendre cette phonologie structuraliste, il faut avoir de bonnes connaissances en *phonétique
articulatoire* (cf. les chapitres 3, 4, 5). Quant aux 'grands' problèmes
de la phonologie française – *nasalisation, suppression des consonnes
finales, liaison* et *schwa* ("e-muet") – nous les aborderons dans un
cadre plutôt *génératif* – dans les chapitres 1, 2, 10, 11 et 13.

Chapitre 1

La structure phonétique du français: les chiffres

1.0 Quelques observations générales

Si l'on compare la structure phonétique du français à celle de
l'allemand, on constate plusieurs différences fondamentales. En allemand, chaque mot a un accent déterminé: l'accent de mot (le *Wortak-
zent*); les mots allemands gardent cet accent de mot dans toutes les
'occurrences', c'est-à-dire dans tous les contextes où ils sont prononcés. Ainsi le verbe *vórtragen* ('exposer/-réciter') portera toujours
l'accent sur le 'o' de la première syllabe.
En français, au contraire, l'accentuation des mots ou des syntagmes
(c'est-à-dire des groupes de mots) dépend du contexte où ils se trouvent. Prononcé isolément, un mot comme *donner* porte l'accent principal sur 'e'; c'est aussi vrai si ce mot est employé dans un contexte
comme *C'est ce livre que tu dois me donnér*. Mais dans une phrase
comme *Il faut me donner ce lívre* le verbe donner perd cet accent
parce qu'on accentue, dans ce **groupe rythmique**, le *i* de *livre* qui
constitue, phonétiquement, la dernière syllabe de *livre*. L'accent n'est
donc pas inhérent aux mots français, il n'y a pas, par conséquent,
d'accent de mot en français. L'accentuation d'un mot en français
dépend, par contre, de la place qu'occupe ce mot à l'intérieur d'un
syntagme ou d'un groupe rythmique. En prononciation normale, c'est
toujours la dernière syllabe d'un groupe rythmique qui porte l'accent.
Un groupe rythmique est à la fois une unité phonétique, grammaticale
et sémantique. Donnons un exemple. On peut accentuer la phrase *Le
grand homme a emprunté trois livres à la bibliothèque* comme:[1]

(*i*)   *Le grand hOmme | a empruntE | trois lIvres | à la bibliothEque*
(*ii*) *Le grand hOmme | a emprunté trois lIvres | à la bibliothEque*
(*iii*) *Le grand hOmme | a emprunté trois livres à la bibliothEque*

---

[1] Nous utilisons le signe | pour marquer la fin d'un groupe rythmique. Pour plus de
détails, cf. le paragraphe 6.3.

Cet exemple montre qu'on a une certaine liberté de former des groupes rythmiques si on ne nuit pas au sens et à la grammaire. Phonétiquement, les groupes rythmiques sont marqués en position finale par un *accent* suivi d'une *pause*.

L'absence d'accent de mot et l'organisation de la prononciation en groupes rythmiques donnent au français son caractère de langue mélodieuse, un caractère qui est encore renforcé par des phénomènes comme la **liaison** ou l'**enchaînement**. Nous aborderons et analyserons ces phénomènes plus tard en détail. Ici, il nous importe d'insister sur un deuxième trait caractéristique de la langue française qui est reflété par la liaison: la(non-) prononciation d'un grand nombre de phonèmes dépend de la place où ces phonèmes se trouvent dans la 'chaîne parlée'. Ainsi le 'n' de *bon* ou de *mon* n'est prononcé ni en position finale d'un syntagme ni devant un mot qui commence par une consonne, mais il faut le prononcer si le mot suivant commence par une voyelle.

Il est vrai que beaucoup d'Allemands ne prononcent plus le 'r' final dans des mots comme *Lehrer*, *älter* ou *Vater*. Il y a même des parlers régionaux (comme par exemple à Berlin) où la syllabe finale *-er* se prononce comme [a] ("Was macht Herr Mey**er** auf dem Himalaya" rime donc). Cependant, chaque locuteur allemand peut toujours prononcer le r-final s'il veut bien souligner un mot. Il a donc une certaine marge de prononciation. En français, par contre, on n'a pas cette possibilité puisqu'on doit prononcer les consonnes finales dans des contextes linguistiques déterminés tandis que, en d'autres contextes, il ne faut pas les prononcer. Disons qu'en français la prononciation des consonnes finales dépend du **système linguistique** ou **phonologique** du français. Ne pas prononcer le 'n' dans *Il est bon* ou le 't' dans *Il dort* est donc une contrainte du système phonologique français. Décrivons d'abord quelques règles qui déterminent la prononciation d'une consonne en position finale, c'est-à-dire d'une consonne qui se trouve à la fin d'un mot.

1.1 Types de position

Les règles phonologiques ne s'appliquent pas à des cas spécifiques et singuliers. C'est la raison pour laquelle on parle de **types de position**, c'est-à-dire de contextes généraux où certains phonèmes peuvent se trouver. Pour expliquer un grand nombre de phénomènes phonétiques il suffit de distinguer trois types de position:

(i)   le phonème se trouve - à l'intérieur d'un syntagme - à la fin d'un mot et le mot suivant commence par une consonne -> *un boN garçon; il dorT toujours;*

(ii) le phonème se trouve à la fin d'un mot et le mot suivant commence par une voyelle -> *un boN ami; dorT-il?*

(iii) le phonème se trouve à la fin d'un syntagme ou d'une phrase -> *Il est boN; il dorT.*

Si nous utilisons **C** pour 'consonnes' et **V** pour 'voyelles', et si nous notons le signe **#** pour 'fin d'un mot ou d'un syntagme', et # # pour la fin d'un énoncé, nous pouvons écrire ces trois types de position comme suit:

(i)   _ C # C _   (le trait '_' indique n'importe

(ii)   _ C # V _   quelle séquence de phonèmes)

(iii)   _ C # #

Cette présentation nous permet de formuler sans problèmes la première règle de prononciation: les consonnes finales dans des mots comme *bon, dort, grand, petit, doit* etc. ne sont prononcées que dans le type de position (ii), c'est-à-dire si elles se trouvent à l'intérieur d'un syntagme et si le mot suivant commence par une voyelle. Nous pouvons, bien sûr, aussi dire, que les consonnes finales de ces mots ne sont pas prononcées dans les cas (i) et (iii).
Nous allons formaliser ces deux dernières règles en écrivant les règles de non-réalisation de la consonne finale R1 et R2:

R1: C -> ∅ / _ # C   ('/ _' indique la position du phonème)

(les consonnes (C) ne sont pas pronconcées (-> ∅), si elles se trouvent (/ _) à la fin d'un mot (#) et si le mot suivant commence par une consonne)

R2:   C -> Ø / _ ##

(les consonnes finales ne sont pas prononcées si elles se trouvent à la fin d'un énoncé qu'on marque ici avec deux ##)

Ces deux règles suffisent pour expliquer la prononciation d'un grand nombre de consonnes finales en français. Nous allons montrer, dans le chapitre 10, que ces règles sont bloquées dans un certain nombre de cas notamment si la consonne finale est:
- un /r/ (*mer, dur, carrefour, cher, finir* ... - excepté les verbes de la première conjugaison comme *chanter*),
- un /l/ (*tel, manuel, final, poil* ...) ou
- un /f/ (*attentif, chef, nef, oeuf* ...).

Montrons tout d'abord à l'exemple des chiffres comment ces règles fonctionnent dans ces cas-là.

1.2   Les chiffres

	C -> Ø /_ # C	C -> Ø /_ ##	suit la règle	
	R1	R2	R1	R2
1	un garçon	j'en ai un[1]	x	x
2	deux tables	j'en ai vu deux	x	x
3	trois cafés	j'en ai bu trois	x	x
5[2]	cinq[3] tables	j'en achète cinq	x	–
6	six Bretons	j'en ai vu six[4]	x	–
7	sept phares	il y en a sept	–	–
8	huit fleurs	il en a huit	x	–
9	neuf[5] gares	il y en a neuf	–	–
10	dix[6] mois	c'est le dix	x	–
20	vingt filles	elles sont vingt[7]	x	x
80	quatre-vingts manifestants	ils étaient quatre-vingts[8]	x	x
100	cent machines	il en a cent[9]	x	x

REMARQUES

1) Il ne faut pas oublier que le chiffre **un** s'accorde grammaticale-
ment en genre au nom qu'il détermine (*une amie*).

2) Le chiffre *quatre* ne figure pas dans ce tableau puisqu'il ne se
termine pas par une consonne.

3) Dans la langue parlée on constate, néanmoins, une nette augmen-
tation de la prononciation de la consonne finale /k/.

4) Le **s**-final de *six* (ou de *dix*) est sonorisé s'il se trouve devant
voyelle (si**X** amis -> [sizami]; j'en ai si**X** -> [sis]).

5) En règle générale, la consonne finale de *neuf* se prononce /f/
sauf devant les deux mots *heures* et *ans* où on les sonorise
([nœvᾶ]).

6) Une seule exception: *dix-neuf* se prononce [diznœf].

7) Si *vingt* est suivi d'un autre chiffre, la consonne finale /t/ se
prononce toujours; il faut donc prononcer 22 [vᾶtdø].

8) Le chiffre 80 se termine par un /s/: *quatre-vingts ans*. Par contre, si 80 est suivi d'un autre chiffre le *vingt* ne porte pas de
marque de pluriel (81 = *quatre-vingt-un* ou 87 = *quatre-vingt
sept*) et le *t* de *vingt* ne se prononce pas.

9) Le 100 se comporte comme 80 s'il est suivi d'un autre chiffre (il
ne porte donc pas de /s/ de pluriel): *deux cent trois* ou *quatre
cent cinquante*. Cependant, s'il n'est pas suivi d'un autre chiffre
et qu'il soit un multiple de 100, *cent* prend un /s/. On a donc
deux cents Allemands ou *cinq cents auditeurs*, mais *cent ans*.
Dans *cent ans* on prononce toujours le /t/, mais la langue courante préfère, dans d'autres cas, ne pas prononcer le **t** de *cent*
devant voyelle pour mieux démarquer le chiffre.

LES CHIFFRES: EXERCICES

I Chiffres de 1 à 10

a) Lisez les phrases suivantes

1) Elle n'a qu'un enfant, une petite fille d'un an.

2) Voilà deux ans qu'il travaille à ces deux problèmes.

3) J'ai emprunté trois livres à la bibliothèque.

4) Vous ne deviez en prendre que deux.

5) Jeanne, trois ans , sait compter jusqu'à trois.

6) Auriez-vous une pièce de cinq francs?

7) Elle a donné ses cinq enfants à garder.

8) Jean a combien de cousins? Il en a six.

9) Finalement, nous partirons le cinq.

10) Les six camarades ne s'étaient pas revus depuis longtemps.

11) Six anciennes élèves sont venues la voir.

12) Sept ans! L'âge de raison.

13) Elle parle sept langues.

14) Ouvrez le livre page sept.

15) Huit jours à Paris, le rêve.

16) Huit ans à l'étranger, c'est long.

17) Lisez la phrase huit.

18) Le numéro neuf est sorti gagnant.

19) Vous avez gagné neuf animaux sauvages.

20) Ils m'ont téléphoné à neuf heures.

21) Voilà! Dix bougies pour fêter nos dix ans de mariage.

22) Bravo! Dix sur dix.

b) Complétez les phrases suivantes en tenant compte des règles de prononciation des chiffres (cf. tableau)

1) Il n'a plus que cinq_____ pour rendre son projet.

       [sɛ̃k]

2) Elle est née un six _____.

       [siz]

3) Ce grand dissident a passé neuf _____ terribles en prison.

             [nœf]

4) Ces deux _____ n'ont pas convenu au maire de la ville.

   [dø]

5) Les Martin ont cinq _____.

       [sɛ̃]

6) Nous avons rencontré six _____ américains à Paris.

                       [siz]

7) "Les fausses Confidences" , pièce en trois _____ de Marivaux.

                            [trwaz]

8) Voilà neuf _____ qu'ils ne s'étaient vus.

      [nœv]

9) Notre professeur répète toujours dix _____ la même chose.

                     [di]

1o) Les touristes ont passé huit _____ à l'hôtel.

                 [ɥi]

11) La petite fille connaît six _____ par coeur.

                [si]

12) Voilà deux _____ qu'il travaille à ce problème.

      [døz]

c) Analysez les exemples suivants. Les règles de suppression de la consonne finale sont-elles respectées?

  1) Il aura cinq ans le huit mars prochain.
  2) "Y'en a qu'une, c'est la une".
  3) Vous connaissez la semaine des quatre jeudis?
  4) Ma chatte a eu quatre chatons. Tu en veux un?
  5) Elle repasse toujours au bureau de cinq à six.
  6) Vous avez deux minutes pour trouver la solution.
  7) Le criminel a été condamné à huit ans de prison.
  8) "Un éléphant ça trompe, ça trompe..."
  9) Nous étions neuf amis pour mon anniversaire.
10) Cinq jours pour visiter Rome, c'est trop court, il en faudrait dix.
11) Le groupe d'étudiants boursiers était constitué de trois Italiens et de trois Portugais.
12) Le bus numéro neuf passe toutes les dix minutes.
13) J'ai descendu les marches quatre à quatre.
14) Sept Français ont péri dans l'accident de chemin de fer survenu le sept avril dernier.
15) Au loto, pour gagner, il faut six bons numéros. Formidable, j'en ai sept!

16) Mes voisins reçoivent toutes les chaînes de télévision françai-
    ses: TF1, A2, FR3, Canal Plus et la 5 mais pas M6.
17) Neuf manteaux de cuir ont été volés au 6, Avenue des Champs
    Elysées.

II *Chiffres de 20 à 100*

a)   Exemples

1)   Les vingt valises des vingt enfants ont été égarées à l'aéroport.
2)   Le vingt et un octobre c'est la Sainte-Céline et le vingt-trois la
      Saint-Jean.
3)   En tout, au départ, nous étions quatre-vingts; à l'arrivée nous
      n'étions plus que vingt.
4)   Ce livre a coûté quatre-vingts francs; celui-ci quatre-vingt-huit.
5)   La Croix-Rouge a besoin d'urgence de quatre-vingts hommes.
6)   "Cent ans de solitude" est le titre français du célèbre roman de
      Gabriel Garcia Marquez.
7)   Cent livres ont été soldés.
8)   Les paysans ont distribué cent kilos de pommes de terre.
9)   Toutes les chambres sont réservées, sauf le cent un et le cent huit.

b)   Analysez les exemples suivants:

1)   Deux cents artistes des cinq continents seront réunis en congrès
      à Marseille du vingt-six au trente et un mai prochain.

2)   Ma grand-mère qui a quatre-vingts ans a huit enfants, quinze
      petits-enfants et neuf arrière-petits-enfants.

3)   De Gaulle fut désavoué le 27 avril 1969 par le référendum sur la
      régionalisation. Il était âgé de 79 ans.

4) "En 1936, j'étais âgé seulement de trois ans, j'en avais six lorsque, après la victoire franquiste, en 1939, je vins en France"
(Michel del Castillo, *Le colleur d'affiches*).

5) "Né le 14 mai 1934, je n'avais guère plus de cinq ans quand
j'entendis en 1939 le discours de Jean Giraudoux à tous les éco-
liers de France" (Pascal Jardin, *La guerre à neuf ans*).

6) Du 21 au 25 juin prochain nous aurons la joie d'accueillir 81
représentants des neuf universités jumelées avec la nôtre.

7) "Deux fois en huit jours, les 15 et 22 novembre 1988, un petit
avion a survolé Paris le soir vers 20h30. Par mesure de sécurité
deux avions ont été déroutés entre 20h21 et 20h29. Ils ont survolé les seizième et dix-septième arrondissements de Paris entre
1000 et 1800 mètres d'altitude" (Le Point, 28 nov. 1988).

Chapitre 2

PRONONCER OU NE PAS PRONONCER: LES NASALES

2.1 Réalisation des consonnes nasales et nasalisation des voyelles

Nous avons vu, dans le premier chapitre, qu'un grand nombre de consonnes finales des mots ne sont pas prononcées, si elles se trouvent
devant un mot qui commence par une consonne ou qu'elles sont à la
fin d'une phrase ou d'un syntagme. C'est valable pour les dentales
comme /d/ dans granD, mais aussi pour les consonnes nasales. Or, les
consonnes nasales finales influent sur la prononciation des voyelles
qui les précèdent, elles les *nasalisent*. Cette *nasalisation* des voyelles
est un trait caractéristique du français par rapport à d'autres langues romanes qui ne connaissent pas ce phénomène (p.e. l'espagnol).
Les règles de nasalisation en français moderne sont très simples:

(i)   Les voyelles suivies par une nasale sont nasalisées si la nasale
      se trouve à la fin d'une phrase ou d'un syntagme:
      il est boN -> [bɔ̃]; quel toN! -> [tɔ̃]

(ii) Les voyelles suivies par une nasale sont nasalisées si la nasale
      se trouve devant une consonne:
      moNter -> [mɔ̃te]; quelle graNdeur -> [grɑ̃dœr]

En utilisant les conventions du dernier chapitre nous pouvons simplifier ces règles de nasalisation:

N(i)   V -> [+nas] / _ N #   N(ii)   V -> [+nas] / _N C

Formulons ces deux règles en une seule:

$$\text{N1} \qquad V \rightarrow [+nas] \; / \; \_ \; N \left\{ \begin{array}{c} \# \\ \\ C \end{array} \right\}$$

A ces règles, il faut évidemment ajouter les règles de la non-
réalisation des nasales: si une nasale se trouve à la fin d'un syntag-

me ou devant un mot qui commence par une consonne elle n'est pas réalisée (*c'est boN* – voir la règle R2 en haut), de même si elle se trouve devant une consonne (*chaNter*). Formulons ces règles en une seule règle de *suppression des nasales*:

$$\text{N2} \qquad N \rightarrow \emptyset \ / \ \_ \quad \begin{Bmatrix} C \\ \#\, C \\ \#\# \end{Bmatrix}$$

Mais il faut préciser la règle N1, puisqu'il y des mots comme *femme, canne, étonner* ou *donner*[1] où la voyelle n'est pas nasalisée bien que la nasale soit suivie d'une deuxième consonne. Cette consonne étant une autre nasale nous pouvons formuler la restriction selon laquelle N1 ne s'applique que si la deuxième consonne n'est pas une nasale (ce que nous symbolisons par [-nas].

$$\text{N1} \qquad V \ \rightarrow [+nas] \ / \ \_ \quad N \begin{Bmatrix} \# \\ \\ C\,[-nas] \end{Bmatrix}$$

Cette règle prévoit aussi la 'dénasalisation' de certaines voyelles en cas de liaison:

> *c'est un boN ami* –> [bɔnami]
>
> *un homme d'un certaiN âge* –> [sertena:ʒ]

Ce terme de *dénasalisation* (*Entnasalierung*), on le trouve dans beaucoup de traités de phonétique ou de phonologie modernes. Cependant, est-il vraiment justifié de parler dans ces cas de *dénasalisation?* Ne serait-il pas plus juste de dire que les règles N1 et N2 ne s'appliquent pas parce que les nasales se trouvent entre deux voyelles? C'est effectivement notre position (que nous justifierons tout au long de ce manuel).

---

[1] Dans ce cas, on ne prononce qu'une seule nasale. Quelques locuteurs prononcent encore deux nasales [mm] dans des cas comme "immense", "immeuble" ou "immoral" mais cette prononciation se perd de plus en plus.

2.2 Diachronie et synchronie

En ancien français et en moyen français les règles de nasalisation n'étaient pas identiques aux structures de prononciation du français moderne; on nasalisait p.e. toute voyelle suivie par une nasale: *femme* est donc prononcé [fãmə] ainsi que *bonne* est prononcé [bɔ̃nə] (cf. la règle Na). Le moyen français connaît aussi la règle de la suppression des consonnes nasales N2. A la fin du moyen français on constate une *dénasalisation* des voyelles si la consonne nasale est suivie par une voyelle (cf. la règle Nd). On se trouve donc vers la fin du 16e siècle devant les règles(1):

1. Na $V \rightarrow [+nas] / \_ N$ bonne $\rightarrow$ [bɔ̃nə]

2. N2 $N \rightarrow \emptyset / \_ \quad \left\{ \begin{array}{l} C \\ \# C \\ \#\# \end{array} \right\}$

3. Nd $V \rightarrow [-nas] / \_ N V$ bɔ̃nə $\rightarrow$ [bɔnə]
    [+nas]

Cette dénasalisation ne se réalise pourtant qu'assez lentement. Ce qui explique le fait que Molière, dans ses pièces, puisse encore jouer avec la prononciation identique de *grammaire* et de *grand-mère*.[1]

---

[1] Ainsi, dans l'extrait suivant, tiré des 'Femmes savantes' de Molière, une précieuse (Bélise) se moque-t-elle de la servante Martine:
Bélise: Veux-tu toute ta vie offenser la grammaire?
Martine: Qui parle d'offenser grand-mère ni grand-père?
Philaminte: O ciel!
Bélise: Grammaire est prise à contre-sens par toi,
         Et je t'ai déjà dit d'où vient ce mot.
Martine: Ma foi! qu'il vienne de Chaillot, d'Auteuil, ou de Pontoise,
         Cela ne me fait rien.
Bélise: Quelle âme villageoise!
         La grammaire, du verbe et du nominatif,
         Comme de l'adjectif avec le substantif,
         Nous enseigne les lois.
Martine: J'ai Madame, à vous dire
         que je ne connais point ces gens-là.

Ces règles(1) - Na, N2, Nd - expriment, d'abord, le déroulement histo-rique de la (dé-)nasalisation des voyelles en français; elles rendent, ensuite, aussi compte de données actuelles du français. Cependant, ces trois règles sont-elles adéquates pour décrire l'état *actuel et synchronique* du français? Si nous comparons ces règles à celles développées dans la première partie de ce chapitre:

Règles(2)

1. N1 $V \rightarrow [+nas] / \_ N \begin{Bmatrix} \# \\ C [-nas] \end{Bmatrix}$

2. N2 $N \rightarrow 0 / \_ \begin{Bmatrix} C \\ \# C \\ \#\# \end{Bmatrix}$

nous constatons que les règles(2) sont plus simples que les règles(1). Nous dirons aussi que si une série de règles nécessite moins de règles qu'une autre série pour expliquer le même phénomène elle est plus adéquate.[1] Cependant, les règles(2) sont-elles vraiment justifiées?

2.3   Les règles et les exceptions

Les règles(2) prévoient et expliquent un très grand nombre de phénomènes que voici (cf. aussi Tranel (1981): 85 sq.):

(i) Masculin/féminin
   bon/bonne; plein/pleine; fin/fine; paysan/paysanne; baron/baronne
(ii) Liaison
   un bon garçon/ un bon ami; un certain mot/un certain âge

---

[1] Ce critère de simplicité formelle est un principe de la phonologie générative: cf. Mayerthaler (1974): 50 sq..
Sur l'histoire de la nasalisation des voyelles depuis le latin cf. Fouché (1969): 353-389 et en particulier la brève analyse dans Zink (1986): 81-89; sur l'histoire des nasales dans la liaison cf. en particulier Tranel (1981): 122-156.

(iii) Conjugaison (3e groupe)

il vient/ils viennent; il prend/ils prennent; il craint/ils craignent

(iv) Dérivation

béton/bétonner; don/donner; patin/patiner; examen/examiner

(v) Modification/Composition

maison/maisonnette; jardin/jardinet; citron/citronnier; Pékin/Pékinois

Les voyelles des mots à gauche dans toutes ces paires sont toujours nasalisées tandis que les mots à droite ne subissent pas cette nasalisation parce que les règles(2) ne s'appliquent tout simplement pas. Mais il y a quelques exceptions qui ne confirment pas les règles(2):

(a)   *bien-fondé/bien-aimé; non-lieu/non-inscrit; on danse/on aime; un chef/un ami; rien de nouveau/rien à faire; il en parle/en avant*

(b)   *s'enivrer; ennoblir; enneiger; emmagasiner; emmener; emmurer*

(c)   *immangeable; immariable; immaîtrisable; immesurable; inneutralisable; immettable; innégociable*

(d)   *week-end; sprint; il clamse [klams]; SIMCA; INSEE; FEN*

(e)   *maximum [maksimɔm], circumsolaire; référendum; décemvir.*[1]

Ces exemples montrent que les mots *bien, rien, on, en, non* gardent (presque[2]) toujours leur voyelle nasale ainsi que le préfixe *en-* (ou *em-* devant des mots commençant pas m,p,b) comme les exemples dans (b) l'illustrent. La non-nasalisation de *-um* et de *-em* dans les mots de (e) ne pose aucun problème puisque ces mots sont toujours sentis

---

[1] La prononciation de la séquence **mn** dans calomnie [kalɔmni] ou amnistie [amnisti] (cf. aussi automnal, gymnase, hymne ou omnibus) comme [mn] ne contredit pas les règles(2) puisque la nasalisation est bloquée par deux consonnes nasales. C'est aussi vrai pour automne [otɔn], condamner [kɔ̃dane] et damner [dane] (et les dérivations de ces deux derniers) où il ne faut pas prononcer le m - on devrait donc écrire ces mots comme "autonne", "condanner" et "danner".

[2] Pour certains mots (non, mon, ton, son) on constate une assez grande variation de prononciation: en entend parfois (assez rarement) "non" sans voyelle nasalisée (p.e. dans "non-inscrit"; cf. Tranel (1981): 11; selon Fouché (1956): 465 - "non" est toujours non-nasalisé dans la liaison); d'après Tranel (1981): 40, 73, 109 "mon" est toujours nasalisé dans la prononciation 'standard', lui-même montre cependant dans un tableau récapitulatif (cf. p. 148) que la prononciation varie selon les régions et les couches sociales.

comme mots latins (en général, les règles de prononciation française ne s'appliquent que difficilement aux mots étrangers); c'est vrai aussi pour les mots dans (d) où on a des mots d'origine allemande[1] ou anglaise ou des abréviations.

Comment expliquer la nasalisation du préfixe *im-* dans des mots comme *immangeable* [ɛ̃mɑ̃ʒabl] dans (c)? Comme *immangeable* a apparemment la même signification que **non-mangeable**, nous dirons que *im-* dans ces mots a une *valeur de négation forte*.[2] Cette valeur est absente dans des mots comme *immense*, *immobile* ou *immonde* où le préfixe s'est, d'un point de vue sémantique, presque fondu dans la signification globale de cette composition. C'est la raison pour laquelle *une mer immobile* ne peut pas être remplacée par *une mer non-mobile*.[3]

Toutes nos observations et analyses de ce chapitre nous amènent à interpréter les exemples donnés dans (a)-(e) comme des *exceptions* aux règles(2) qui sont toujours très productives en français moderne.[4]

LES NASALES: QUESTIONS

1. Les critères donnés pour préférer les règles(2) aux règles(1) vous semblent-ils justifiés?

2. Nous avons employé les termes *diachronie* et *synchronie* sans les expliquer. Dans le texte, il y a cependant quelques indications sur

---

[1] "Clamser" vient probablement de l'allemand "Klaps". Si ces mots étrangers sont "francisés", ils subissent les règles(2) de nasalisation: "dandy, handicap, sandwich" (cf. Tranel (1981): 58 sq.). Notons cependant qu'il y a des mots qui résistent à cette francisation (p.e. "week-end") et des mots qui se trouvent 'à cheval' comme "interview" [intervju] ou "suspense" [syspens] où on peut aussi entendre des voyelles nasalisées.

[2] Cette négation est d'ailleurs renforcée par le suffixe "-able" - le seul qui permet la nasalisation de la voyelle du préfixe "im-".

[3] En traduisant ces mots en allemand, on peut saisir la différence des deux valeurs du préfixe im-: on traduira des mots comme "immangeable" par "**NICHT** eßbar" tandis que "immobile" correspond à "**UN**beweglich" ou "bewegungs**LOS**".

[4] Nous ne partageons donc pas l'interprétation de Tranel (1981) qui croit pouvoir abandonner les règles(2) justement à cause des exceptions (a)-(e). Signalons enfin que notre analyse correspond, pour l'essentiel, à celle donnée dans les études 'classiques' de la phonologie générative comme Schane (1968), Dell (1973) ou Mayerthaler (1974). Cf. aussi le chapitre 12 où nous reprendrons le problème des nasales.

la signification de ces mots. Essayez d'expliquer ces termes en vous appuyant, si nécessaire, sur des textes tirés de Ferdinand de Saussure "Cours de linguistique générale".

3. Retracez plus précisément l'histoire de ce phénomène de déna-salisation. Référez-vous pour cela à une histoire de la langue française (Brunot (1966), Bourcier (1967), Fouché (1966) et Fouché (1969b) ou d'autres auteurs).

4. Faites vous-même un sondage auprès des locuteurs de langue française maternelle sur la prononciation de *mon, ton, son, bon, chacun, aucun, ancien, bien, divin, plein, certain, prochain* dans les cas de la liaison.

5. * Résumez les arguments critiques de Tranel (1981): 14 sq. contre l'analyse 'classique' des nasales. Comparez son analyse (71 sq.) à celle proposée dans ce chapitre.

LES NASALES: EXERCICES

1) Parmi les mots suivants soulignez les voyelles nasalisées:
    éponge, unifier, lin, drame, fronde, détremper, bonne, quotient, bambou, madone, pantoufle, avenant.

2) Dans la liste suivante trouvez les cas qui suivent les 2 règles N1 et N2:
    spontané, somme, pension, vraisemblable, wagon-restaurant, renne, remblai, urbain, vienne, sombre, unifier, pingre.

3) Transcrivez les mots suivants:
    amnistie, condamnation, gymnastique, automnal, automne, indemne, Agamemnon, hymne, indemniser, somnambule.

4) Dans les lexèmes suivants, différenciez les valeurs de la séquen-ce –**mm**– en distinguant 4 catégories. Complétez avec d'autres exemples les listes ainsi formées.
    immaculée, femme, épigramme, immobile, immariable, immangeable, immédiat, immense, immigrés, somme, immanquablement.

Chapitre 3

ORTHOGRAPHE ET TRANSCRIPTION PHONETIQUE

3.1   L'orthographe phonétique vs étymologique

On peut facilement constater que l'orthographe des mots ne correspond
pas toujours, loin s'en faut, à leur prononciation. Ainsi en français les
lettres ne représentent pas nécessairement un seul son: la lettre **T**
par exemple est, d'un côté, prononcée comme un [s] dans *initier*,
adoption ou *démocratie*, de l'autre, comme un [t] dans *métier*, *adopter*
ou *liberté*. La lettre (ou le **graphème**) **T** a donc plusieurs *valeurs*
phonétiques comme, par exemple, la lettre **X** qui peut représenter la
valeur phonétique [s] (dans *j'en ai di**X***), la valeur [z] (dans *au**X** envi-*
rons), la valeur [gz] (dans *e**X**ercice*) ou même la valeur [ks] (dans
*ta**X**i*).
Mais il y a aussi le phénomène inverse puisque le même son peut être
représenté par différentes lettres. Prenons à titre d'exemple les sons
[s] ou [ɛ̃] qui peuvent être écrits par des graphèmes ou suites de
graphèmes différents:

[s]		[ɛ̃]	
s	(soleil)	en	(doyen)
ss	(casser)	ein	(ceinture)
c	(cible)	in	(fin)
ç	(français)	im	(impôt)
sc	(scène)	yn	(synthèse)
t	(ambition)	ym	(thym)
		ain	(sain)
		aim	(faim)

Le schéma (I) illustre ces données:

Schéma (I)

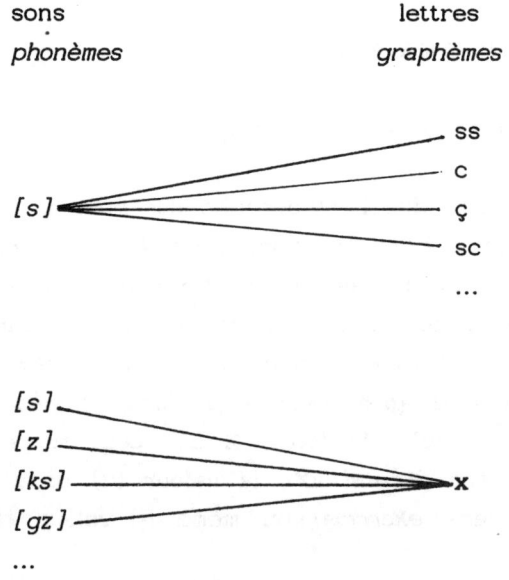

Toutes ces données montrent qu'il n'y a pas d'*isomorphie* entre le système orthographique et le système phonétique français. Il faut donc bien distinguer la prononciation et l'orthographe. On appelle une orthographe qui ne représente que la structure phonétique d'une langue (qui est donc isomorphe) *orthographe phonétique*; par contre, on appelle *orthographe étymologique* les orthographes ou les écritures qui reflètent le développement historique d'une langue donnée. Si l'on compare l'orthographe espagnole à celle du français, on constate que l'écriture espagnole est beaucoup plus phonétique que l'écriture française qui montre une orthographe étymologique très poussée. Comme l'orthographe anglaise a des caractéristiques comparables à l'écriture française, on peut dire que ces deux systèmes d'écritures montrent le même degré de structure étymologique. Ces exemples peuvent, en même temps, illustrer le fait que chaque écriture historique représente une sorte de *synthèse* ou plutôt une sorte de *compromis* entre le développement historique d'une langue et l'exigence de représentation phonétique. Nous allons, au chapitre 12, aborder le problème de savoir si l'écriture phonétique est vraiment, pour toutes les langues, le meilleur système de représentation.

3.2 L'A.P.I.

Nous-mêmes utiliserons l'alphabet de l'Association phonétique interna-
tionale (l'A.P.I.) créé dès 1886 par un Français et régulièrement remis
à jour. Cet alphabet - qui est une orthographe phonétique au sens
strict du terme - a été développé pour des raisons didactiques et
pour les besoins d'une description phonétique des langues. Nous donnons d'abord une liste des signes utilisés pour la transcription du
français à laquelle nous ajoutons quelques signes dont nous nous ser-
virons pour transcrire d'autres langues comme l'allemand ou l'anglais
(nous appelons ici ces sons par leurs noms traditionnels).

VOYELLES

[a]	*antérieur*	pattes, lac, cave
[ɑ]	*postérieur*	pâtes, tas, âme, ânesse
[e]	*fermé*	café, déformer, été
[ɛ]	*ouvert*	père, annuaire, mer
[i]		film, type, rythmique
[o]	*fermé*	Paule, tôt, eaux
[ɔ]	*ouvert*	Paul, note, échalotte
[u]		roue, où, août, tour
[y]		utile, pure, Bruno
[ø]	*fermé*	peu, jeûner, émeute
[œ]	*ouvert*	peur, jeune, déjeuner
[ə]	*muet ou caduc (schwa)*	appartement, grelotter
[ɑ̃]	*nasalisé*	Champ, en, ange, temps
[ɛ̃]	*nasalisé*	fin, faim, reins, thym
[ɔ̃]	*nasalisé*	thon, plomb, tronc, on
[œ̃]	*nasalisé*	brun, un, parfum

SEMI-CONSONNES // SEMI-VOYELLES

[j]	(yod)	hiérarchie, paille, yéyé
[ɥ]	(ué)	lui, nuit, nuée, suer
[w]	(oué)	Louis, ouest, souhait

[p]	occlusive bilabiale sourde	porte, papi, stop
[t]	occlusive dentale sourde	tonton, vente, rentable
[k]	occlusive palatale sourde	kilo, caler, quai
[b]	occlusive bilabiale sonore	bébé, balle, snob
[d]	occlusive dentale sonore	dort, dolmen, addition
[g]	occlusive palatale sonore	guerre, bague, garer
[f]	constrictive labio-dentale sourde	chef, faim, phare
[s]	constrictive sifflante sourde	sans, ambition, façon
[ʃ]	constrictive chuintante sourde	cheval, lâche, schéma
[v]	constrictive labio-dentale sonore	laver, wagon, visiter
[z]	constrictive sifflante sonore	jaser, Zazie, réseau
[ʒ]	constrictive chuintante sonore	rage, gîte, jouer
[l]	liquide latérale	lire, illisible, pâle
[r]	liquide vélaire	parer, rare, carreau
[n]	nasale dentale	Anne, ni, maniaque
[m]	nasale bilibiale	maman, femme, miser
[ɲ]	nasale dentale mouillée	campagne, peigne
[ŋ]	nasale vélaire	parking, living
[x]	constrictive vélaire sourde	all. Pacht, Koch
[ç]	constrictive palatale sourde	all. ich, nicht

ORTHOGRAPHE ET TRANSCRIPTION PHONETIQUE: EXERCICES[1]

1) Transcrivez en alphabet phonétique les mots suivants:
   ta, cap, piste, six, oser, café, pote , Anne, kilo, mousse, balle.

---

[1] Quelques conseils pratiques concernant la transcription phonétique:
- il ne faut pas oublier de transcrire les liaisons;
- le schwa en finale absolue n'est pas noté; nous préciserons dans le chapitre sur le schwa les règles de prononciation de ce "son";
- comme on l'a déjà vu au premier chapitre, les mots français sont toujours prononcés à l'intérieur d'un groupe rythmique, il n'y a donc pas de pauses entre les mots; ainsi, il n'y a pas lieu de laisser des "blancs" entre les mots transcrits. On notera les pauses entre les groupes rythmiques par le signe |.

Que remarquez-vous concernant la transcription des trois mots Anne, mousse et balle?

2) Dans les mots suivants retrouvez les orthographes correspondant a) au son [s] b) au son [z]:
ses, maison, acide, muse, hasard, soleil, vraisemblable, pousse, puce, zèle.

3) Ecrivez les mots dont voici les transcriptions
[ʒu], [ra:ʒ], [kaʃe], [ʃu], [aʃtʒ], [ʃatʒ], [pla:ʒ], [ʒelatin], [ʃɑ̃:br], [ʒe].

4) Transcrivez:
   a) sous les murs, c'est sûr, coûte que coûte, où l'as-tu lu?
   b) le sel est cher, j'aime ce thé, peu de tête, chez le maire.
   c) la peur de ne pas pouvoir, le noeud de l'histoire, le peu de coeur, celui qui est seul.
   d) le corps à corps, l'objet de la commande, le pot aux roses, le sol est beau.
   e) le vin donne faim, son bon compagnon, en l'an vingt, on a compris, le parfum du pain, un timbre à un franc, entre dans sa chambre, l'ombre du peintre.
   f) Lui le roi! Louis Leroi, sans toi ni loi, il doit suer, qu'elle aille lui souhaiter bon voyage, le billet est plié, le crayon est payé, trois voitures dans une ruelle.

5) Transcrivez le passage suivant:
"Le lendemain matin, Camille trouva dans sa boîte aux lettres une collection de factures; comme si l'Inconnu avait voulu lui faire expier sa reculade. Aucune enveloppe ne portait trace de sa graphie d'insecte" (Alexandre Jardin, Le Zèbre).

6) Retrouvez l'écriture orthographique de la transcription suivante:
[fet | kəlaboterest | kəlaʒœnesdəmœ:r | ekələkœ:r | nəsəpɥislase | evurəprɔdɥire | ləsjel] ..... [ʃatobriɑ̃]

Chapitre 4

DESCRIPTION DES SONS EN FRANÇAIS I

On peut analyser les sons d'une langue en décrivant la position ou le rôle des 'organes de la parole' qui servent à articuler un son donné. La science qui décrit l'appareil articulatoire - le lieu où sont produits les sons - s'appelle *phonétique articulatoire*. Mais on peut aussi analyser la qualité physique des sons (fréquence, intensité etc.). Cette analyse se fait dans le cadre de la *phonétique acoustique*. Par contre, si l'on s'intéresse aux problèmes de la réception ou de l'audition des sons, on consultera la *phonétique auditive* qui analyse le fonctionnement du conduit auditif et de l'ouïe. Comme nous voulons, dans ce manuel, expliquer les moyens et les modes de production et d'articulation des sons, nous ne nous occuperons, dans ce qui suit, que principalement de la *phonétique articulatoire*. Nous appliquerons, avec quelques modifications, le système de Chomsky et Halle (1968) qui a été développé et précisé pour quelques détails par des auteurs comme Dell (1973), Mayerthaler (1974) ou Duchet (1981).

4.1 L'appareil phonatoire

Figure 1

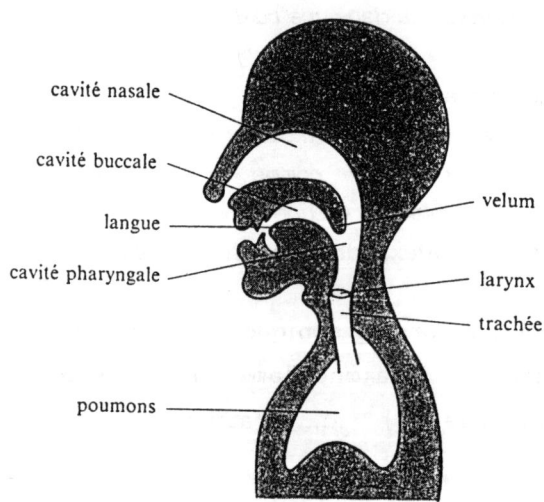

Pour pouvoir produire un son, il faut qu'il y ait d'abord une compression d'air dans les poumons. Cet air est expiré sous forme d'une colonne d'air qui passe par le larynx où se trouvent les cordes vocales. En écartant les cordes vocales (ou en les serrant), on peut contrôler le débit d'air et, bien sûr, la qualité du son produit. Si les cordes vocales sont largement écartées et qu'elles ne forment aucune barrière au passage de l'air, on dit que la glotte est ouverte. La glotte est fermée, si les cordes vocales sont serrées l'une contre l'autre.

Si la glotte est fermée et ouverte à grande vitesse, il y a une vibration des cordes vocales ce qui produit une *sonorisation* des sons. C'est ainsi que le [p] devient *sonore*, c'est-à-dire [b]; [b,d,g,z,m] sont des sons *sonores* ou *voisés* (de la 'voix'), [p,t,k,f,s] sont des sons *sourds* ou *non-voisés*.

La qualité et le timbre du son définitivement produit dépendra toujours de l'agencement de toutes les parties de l'appareil phonatoire. En simplifiant, on peut comparer l'appareil phonatoire à une guitare: aux *cordes* de la guitare correspondent les **cordes vocales**, à la *caisse de résonance* correspond le **conduit vocal** (*vocal tract*) de l'appareil phonatoire.

Les sons se distinguent par leur *hauteur*, leur *intensité* et leur *timbre*. La hauteur d'un son est fonction de la fréquence, c'est-à-dire de la vitesse de la vibration de la corde: plus elle vibre, plus le ton est haut (on augmente la hauteur en raccourcissant ou en tendant la corde). Par contre, l'intensité d'un son dépend de l'amplitude de la vibration: plus l'amplitude est grande, plus l'intensité est grande (à condition cependant que la fréquence reste constante). Enfin, le timbre définitif d'un son dépend de la forme et des qualités matérielles de la caisse de résonance (qui fonctionne comme un filtre acoustique).

Il en est, pour l'essentiel, de même pour l'appareil phonatoire, cet 'instrument de musique humain'. Mais il y a deux différences fondamentales entre une guitare et l'appareil phonatoire:

1) l'homme peut varier à volonté la forme et le volume des parties du conduit vocal (= la caisse de résonance) pour produire des timbres en nombre infini,

2) les mouvements et ajustements complexes dans les poumons et dans le larynx permettent une beaucoup plus grande variation

des vibrations des cordes vocales (hauteur et intensité) que dans le cas d'une corde de guitare.

Pour le conduit vocal, on peut distinguer trois cavités: la cavité pharyngale, la cavité buccale et la cavité nasale (voir *Fig. 1*). Pour délimiter les nasales du reste des sons, il suffit de distinguer la cavité nasale de la cavité pharyngobuccale (zone du pharynx et de la bouche). Avec le velum, on peut ouvrir ou fermer la cavité nasale. Si le velum est au repos, il pend en bas et permet donc le passage de l'air par la cavité nasale – on a dans ce cas des voyelles ou des consonnes *nasales* (*Fig. 2*).[1] Si, au contraire, le velum est levé (*Fig. 3*), l'air ne passe que par la cavité pharyngobuccale – on parle dans ce cas de consonnes ou de voyelles *orales*.

Figure 2   *Figure 3*

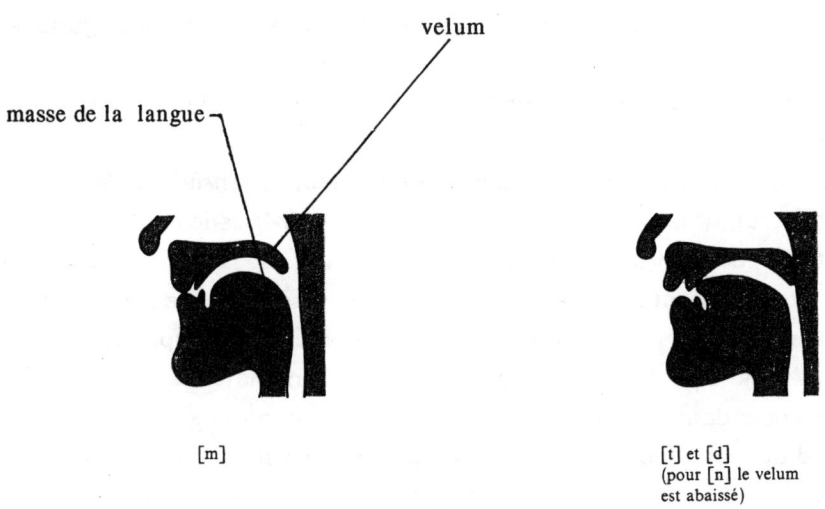

velum

masse de la langue

[m]

[t] et [d]
(pour [n] le velum
est abaissé)

(cf. Dell 1973: 62)

---

[1] Le nom nasale est ambigu. Nous l'avons utilisé au dernier chapitre au sens de consonne nasale. Mais on parle aussi d'une nasale pour désigner les voyelles nasales. Pour éviter cette ambiguïté nous n'employons le terme nasale que pour les consonnes nasales (abréviation: N).

4.2 Les voyelles

Si l'écoulement de l'air à travers le larynx et la cavité pharyngale est libre, les sons produits sont des voyelles. Nous avons déjà fait la connaissance de deux caractéristiques des voyelles: l'oralité [ɛ,a] et la nasalité [ɛ̃,ɑ̃].

Pour varier la résonance dans la cavité pharyngobuccale on dispose essentiellement de deux 'instruments': les lèvres et la langue. Si les lèvres se projettent en avant en s'arrondissant, on produit des sons *arrondis*, si, au contraire, elles se rétractent, on produit des sons *non-arrondis*.

Quant à la **masse de la langue**, elle peut prendre trois positions: en haut, au milieu, en bas. Les sons correspondants sont ainsi appelés: les sons *hauts* [i,u,y], les sons 'au milieu' (ou *ni hauts ni bas*) comme [e,o,ø] et les sons *bas* [a,ɛ,ɔ].

Mais on peut aussi déplacer horizontalement la masse de la langue d'avant en arrière. Si la langue se trouve en arrière, on a des sons d'*arrière* [u,o,ɑ], sinon des sons *non-arrières* [i,e,ø]. Comme le **bout** de la langue se trouve généralement dans ces cas dans la même zone que la masse de la langue, ce bout de la langue se trouve dans la zone palatale dans le cas des sons *non-arrières*, et dans la zone vélaire quand on prononce des sons d'*arrière* comme [u,o,ɑ̃].

Résumons ces trois critères:

1) position des lèvres: [± rond]
2) position de la masse de la langue: [± haut] et [± bas]
3) position du bout de la langue: [± arr]

En ajoutant ces trois critères au trait phonétique déjà distingué: oral vs nasal, nous sommes à même de décrire facilement les voyelles françaises. Pour simplifier la description nous utilisons les signes + et – pour marquer la présence ou l'absence d'un trait de prononciation: [+ arr] signifie donc *arrière*, [– arr] signifie par contre *non-arrière*.

Tableau 4

	e	o	i	y	ẽ	ɑ̃
± haut	−	−	+	+	−	−
± bas	−	−	−	−	+	+
± arr	−	+	−	−	−	+
± rond	−	+	−	+	−	−
± nas	−	−	−	−	+	+

Ce tableau nécessite quelques explications. Comme la masse de la langue peut prendre trois positions (en haut, en bas et au milieu), un seul trait ([± haut] ou [± bas]) ne suffit évidemment pas pour distinguer ces trois positions. Les sons [e,ø,o] sont au milieu (ils ont donc par définition les traits [− haut] et [− bas]).

En français contemporain, l'opposition entre le [a] antérieur et le [ɑ] postérieur a pratiquement disparu. Un petit nombre de locuteurs français fait toujours une différence entre *ta, patte, bal* (= [a]) et *tas, pâte, Bâle* (= [ɑ]). Comme on constate de grandes divergences dans la prononciation du *a*, nous posons qu'il y a, en français contemporain, un *seul* phonème /a/. La plupart des réalisations de ce phonème étant *avant*, nous transcrirons tous les *a* oraux par [a] antérieur.[1]

Toutes les voyelles nasales ont pour base les voyelles orales correspondantes. En nasalisant le [ɛ], le [ɑ][2] et le [ɔ] la cavité nasale s'ouvre (c'est-à-dire le velum pend en bas), ce qui produit les nasa-

---

[1] Les deux a se différencient par leur lieu d'articulation respectif: pour [a] le bout de la langue prend la position avant, donc [−arr] d'après nos conventions, tandis que pour le [ɑ] la langue se retire en arrière [+arr]. On peut aussi faciliter la distinction entre ces deux articulations ([ɑ] et [a]) en introduisant les critères tendu/lâche (cf. Miene et Minne).

[2] C'est effectivement le [ɑ] arrière qui est la base de la voyelle nasale [ɑ̃].

les [ɛ̃], [ɑ̃] et [ɔ̃].[1] Nous ne distinguons plus une quatrième nasale [œ̃] qui a disparu du français moderne. Selon Léon (1978) il y a toujours une opposition entre *brun* [brœ̃] et *brin* [brɛ̃] ce qui ne correspond plus à l'usage.

DESCRIPTIONS DES SONS EN FRANÇAIS I: QUESTIONS

1. Elargissez le tableau 4 en y intégrant les voyelles suivantes: [ɔ], [ɔ̃], [ø], [ɛ] et [œ].

2. Par quoi se différencient a) [y] et [u], b) [y] et [i], c) [y] et [e], d) [y] et [ø]?

3. Par quoi la série [i,e,ɛ] diffère-t-elle a) de la série [y,ø, œ], b) de la série [u,o,ɔ]?

4. Dans les traités de phonétique ou de phonologie on voit souvent les voyelles représentées sous forme de triangle ou de trapézoïde. Comparez le schéma de Klein (1973) à la page suivante avec la description proposée dans ce chapitre. Expliquez les avantages ou les désavantages de ces deux procédés d'analyse.

---

[1] Pour le o nasal on trouve parfois la transcription [õ] au lieu de [ɔ̃] (voir p.e. Klein (1973), 84). Ceci s'explique par le fait que le o nasal est prononcé, dans plusieurs régions, de cette façon-là. Mais il faut ajouter une deuxième remarque. Pour que nous reconnaissions un son déterminé, il n'est pas indispensable qu'il soit toujours réalisé à un point fixe et invariable. Chaque son peut, au contraire, être prononcé à l'intérieur d'une zone de prononciation (voir, pour plus de détails, le chapitre 6). Le /ɔ/ ouvert peut donc être réalisé avec une articulation s'approchant de celle du [o] fermé. Or, le o nasal se prononce dans la partie supérieure de la zone de prononciation du /ɔ/ ouvert (celle qui est la plus proche de la zone de prononciation du /o/ fermé) ce qui explique que beaucoup de locuteurs prononcent le o nasal comme un [õ].

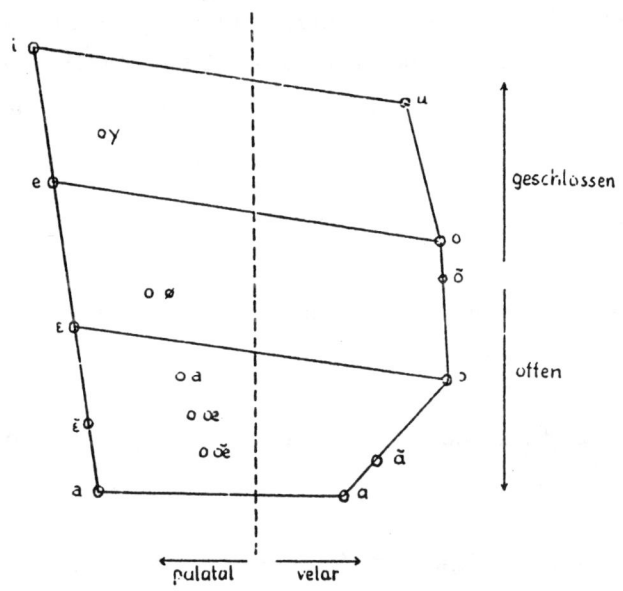

DESCRIPTION DES SONS EN FRANÇAIS I: EXERCICES

1) Prononcez les mots suivants: *On en mange; un timbre à cent un francs; son amende; un pantalon en daim; le bon peintre peint un pain sur un ponton rond; les uns sont venus, les Huns sont partis; un fin parfum de printemps se dégage des brins bruns; la bande à Léon; M. Jean Klein est un cousin lointain de Joachim Bellin.*

2) Lisez le calembourg suivant: *J'ai rencontré cinq capucins, sains de corps et d'esprit, qui, ceints du cordon du Saint François, portaient dans leur sein un seing du Saint-Père.*

   Relevez les différentes graphies du son [ɛ̃].

3) Lisez et transcrivez les paires suivantes: *sel – seul, botté – beauté, banc – bon, roue – rue, gros – grand , gré – gris , gras –grue, mon – ment, pomme – paume, en fusion – infusion, jeune – jeûne, père – peur, terre – tort, peu – pour.*

- 34 -

4) Lisez la série d'adverbes suivante: *décemment, poliment, élégamment, couramment, ingénument, prudemment, patiemment, bruyamment, gaiement, notamment, aisément, évidemment.*

Trouvez pour chaque adverbe l'adjectif dont il est dérivé. Expliquez le cas échéant pourquoi la voyelle [ã] se trouve dénasalisée dans l'adverbe (cf. chap. 2).

5) Comparez le texte sur les voyelles tiré du *Bourgeois Gentilhomme* de Molière avec la description moderne.

Maître de philosophie: Pour bien suivre votre pensée et traiter cette matière en philosophe, il faut commencer selon l'ordre des choses, par une exacte connoissance de la nature des lettres et de la différente manière de les prononcer toutes. Et là-dessus j'ai à vous dire que les lettres sont divisées en voyelles, ainsi dites voyelles parce qu'elles expriment les voix; et en consonnes, ainsi appelées consonnes parce qu'elles sonnent avec les voyelles, et ne font que marquer les diverses articulations des voix. Il y a cinq voyelles ou voix: A, E, I, O, U.

M. Jourdain: J'entends tout cela.

Maître de philosophie: La voix A se forme en ouvrant fort la bouche: A.

M. Jourdain: A, A. Oui.

Maître de philosophie: La voix E se forme en rapprochant la mâchoire d'en bas de celle d'en haut: A, E.

M. Jourdain: A, E, A, E. Ma foi! oui. Ah! que cela est beau!

Maître de philosophie: Et la voix I en rapprochant encore davantage les mâchoires l'une de l'autre et écartant les deux coins de la bouche vers les oreilles: A, E, I.

M. Jourdain: A, E, I, I, I, I. Cela est vrai. Vive la science.

Maître de philosophie: La voix O se forme en rouvrant les mâchoires, et rapprochant les lèvres par les deux coins, le haut et le bas: O

M. Jourdain: O, O. Il n'y a rien de plus juste: A, E. I, O, I, O. Cela est admirable! I, O, I, O.

Maître de philosophie: L'ouverture de la bouche fait justement comme un petit rond qui représente un O.

M. Jourdain: O, O, O. Vous avez raison. O. Ah! la belle chose, que de savoir quelque chose!

Maître de philosophie: La voix U se forme en rapprochant les dents sans les joindre entièrement, et allongeant les deux lèvres en dehors, les approchant aussi l'une de l'autre sans les joindre tout à fait: U.

M. Jourdain: U, U. Il n'y a rien de plus véritable: U.

Maître de philosophie: Vos deux lèvres s'allongent comme si vous faisiez la moue: d'où vient que si vous la voulez faire à quelqu'un, et vous moquer de lui, vous ne sauriez lui dire que: U.

M. Jourdain: U, U. Cela est vrai. Ah! que n'ai-je étudié plus tôt, pour savoir tout cela?

Chapitre 5

DESCRIPTION DES SONS EN FRANÇAIS II

5.0 Voyelles, consonnes, glides, liquides

L'air nécessaire pour produire une voyelle ne rencontre pratiquement pas d'obstacle en passant par la cavité pharyngobuccale. S'il y a obstacle (c'est-à-dire si la cavité pharyngobuccale est fermée quelque part), les sons produits sont *consonantiques* [+ cons]; toutes les voyelles sont donc par définition *non-consonantiques* [- cons]. Comme les voyelles peuvent à elles seules former des syllabes, elles ont aussi le trait *syllabique* [+ syll]; tous les autres sons sont *non-syllabiques* [- syll].

Si l'on compare le [m] ou le [r] d'un côté et le [p] ou le [g] de l'autre, on constate que l'obstacle opposé à l'air sur son passage est beaucoup plus minime dans le premier cas que dans le deuxième. Comme, dans ce deuxième cas, il s'agit presque d'une obstruction, on nomme les sons qui montrent ce trait de prononciation des *obstruantes* [+ obstr]. En prononçant les voyelles, les semi-voyelles, les nasales [m,n,ɲ] et les liquides [l,r] on constatera *d'abord* que tous ces sons n'obstruent pas le passage de l'air, ce sont donc des *non-obstruantes* [- obstr].

Mais, *ensuite*, on remarquera que tous ces sons non-obstruants produisent en même temps une sorte de *sonorisation spontanée*. C'est pourquoi on les appelle aussi des *sonantes*. Comme les obstruantes n'ont pas cette qualité, elles sont nécessairement *non-sonantes*. On a donc les équivalences *suivantes*:

$$[+ son] = [- obstr] \quad // \quad [- son] = [+ obstr]$$

Avec ces distinctions nous pouvons établir la classification des sons suivante:

Figure 1

	Voyelles	Consonnes[1]	Liquides/ Nasales	Glides
[± son]	+	–	+	+
[± syll]	+	–	–	–
[± cons]	–	+	+	–

5.1 Les consonnes, les nasales, les liquides

Nous avons montré au paragraphe précédent que les consonnes peu-vent être analysées par ces trois traits phonétiques: [– son], [– syll], [+ cons]. Il ne faut pas confondre le trait phonétique *consonantique* [+ cons] avec la classe de sons, les *consonnes*, puisqu'une autre classe de sons, les *liquides*, ont le même trait phonétique [+ cons].

Toutes les consonnes sont donc, par définition, *non-sonantes*. Mais, comme l'obstruction caractéristique des consonnes peut se faire d'une façon continue ou non-continue, il faut différencier les *occlusives* (qui sont *non-continues*) des *fricatives* ou des *constrictives* (qui sont *con-tinues*). Tous ces sons pouvant être sonorisés (ou voisés) on a donc les séries suivantes:

occlusives sonores: [b,d,g]   traits: [+ voisé], [– cont]
occlusives sourdes: [p,t,k]   traits: [– voisé], [– cont]
constrictives sonores: [v,z,ʒ]   traits: [+ voisé], [+ cont]
constrictives sourdes: [f,s,ʃ]   traits: [– voisé], [+ cont]

On peut illustrer les différentes classes de consonnes par le schéma suivant:

---

[1] Nous utilisons ici le terme "consonne" au sens le plus restreint, c'est-à-dire au même sens qu'"obstruante". Au sens large, "consonnes" signifie "obstruantes + liquides + nasales" ce que nous symbolisons par C (cet emploi correspondant d'ailleurs à l'usage le plus courant). Si cette abréviation C a, dans un contexte particulier, une autre extension, nous le préciserons.

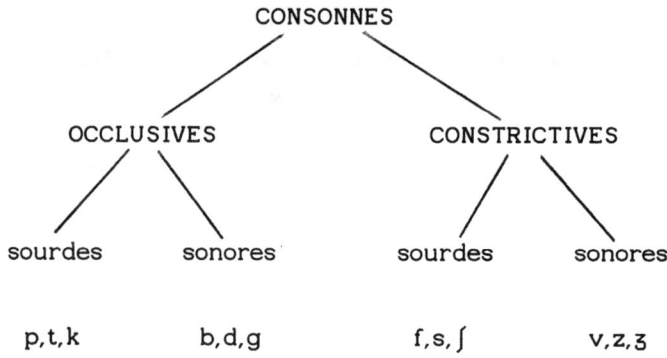

Jusqu'ici nous n'avons décrit que les traits phonétiques qui déterminent le *mode de production* des sons. Examinons maintenant les traits qui se rapportent plutôt au *lieu de production*. Pour déterminer le lieu de production d'un son, on peut appliquer une échelle fine ou, au contraire, une échelle globale. Dans le cadre d'une analyse phonétique détaillée, il faut évidemment appliquer une échelle assez fine comme p.e. l'échelle classique de Malmberg (qu'on retrouve dans la plupart des traités phonétiques):

Figure 2 (*Malmberg* (1962), 32)

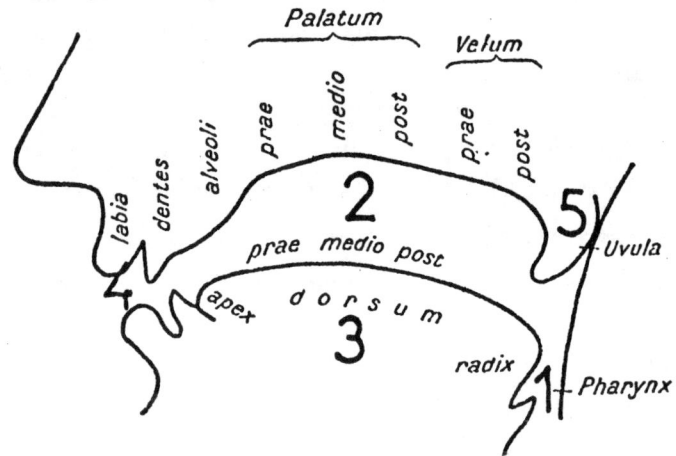

Fig. 23. — Les parties principales des cavités supraglottiques
avec leurs dénominations latines
(à partir desquelles sont formés les termes utilisés en phonétique)

1. cavité pharyngale 2. c. buccale 3. langue 4. lèvres 5. luette

Ce système étant trop différencié pour nos besoins, nous ne distinguons, comme pour les voyelles, que les sons qui sont produits dans
la partie *arrière* de la bouche (comme [k,g,R]) des sons *non-arrières*
(comme [p,t,f,s,ʃ,n,l]).[1] Chomsky/Halle (1968): 304 sq. utilisent, dans
leur traité, en plus les traits phonétiques [± coronal] et [± antérieur].
On applique le trait [± antérieur] pour mieux distinguer, *à l'intérieur*
des sons *non-arrières*, les sons *non-antérieurs* comme les [ʃ,ʒ,r] des
sons *antérieurs* comme les [s,z,l,n,p,t]. Comme on peut le voir sur la
figure 3a, tous les sons prononcés avant le [ʃ] ou le [ʒ] sont
antérieurs. Sont *coronales* les consonnes ou les liquides pour lesquelles il faut lever la couronne de la langue (= le bout de la langue
et son voisinage immédiat). En français, les sons [t,d,s,z,ʃ,ʒ,n,l] ont
tous le trait [+ cor(onal)]. La figure 3b en donne un exemple:

Figure 3a   Figure 3b

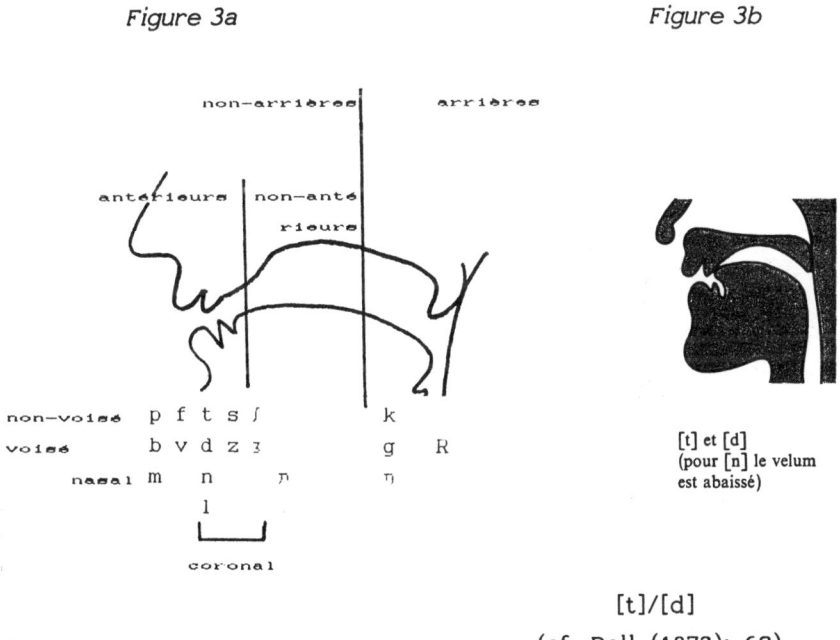

[t] et [d]
(pour [n] le velum
est abaissé)

[t]/[d]
(cf. Dell (1973): 62)

---

[1] Par métonymie on parle souvent de palatal (pour [- arrière]) et de vélaire (pour [+ ar-
rière]). On peut donc parler d'un [R] vélaire, bien que ce [R] soit prononcé dans la
partie uvulaire de la bouche. En français courant ce [R] s'appelle r grasseyé tandis
que le signe [r] dénote le r roulé, c'est-à-dire le r palatal (voir le prochain chapitre).

Enfin, si l'on compare les sons qui ont le trait [+ coronal] ou [+ antérieur] avec ceux qui ont des valeurs contraires, on remarquera que ces traits influent en même temps sur le *mode de production* des sons ou plus particulièrement des consonnes. Etant donné que chaque *lieu de production* modifie, en dernière instance, le *mode de production*, on a, dans la plupart des descriptions modernes (surtout dans le cadre de la phonologie générative) abandonné cette distinction traditionnelle du lieu et du mode de production d'un son. Illustrons toutes les différences examinées jusqu'ici par la figure suivante:

figure 4

	p	t	k	f	z	ʒ	r	R[1]	j	u
sonant	−	−	−	−	−	−	+	+	+	+
syllabique	−	−	−	−	−	−	−	−	−	+
consonant.	+	+	+	+	+	+	+	+	−	−
continu	−	−	−	+	+	+	+	+	+	+
nasal	−	−	−	−	−	−	−	−	−	−
haut	−	−	+	−	−	+	−	−	+	+
bas	−	−	−	−	−	−	−	−	−	−
arrière	−	−	+	−	−	−	−	+	−	+
rond	−	−	−	−	−	−	−	−	−	+
antérieur	+	+	−	+	+	−	−	−	−	−
coronal	−	+	−	−	+	+	+	−	−	−
voisé	−	−	−	−	+	+	+	+	+	+

---

1 Le français n'a qu'un seul phonème /r/ qui est réalisé par une grande majorité des Français comme [R] vélaire, mais qui se prononce aussi, surtout dans les Pyrénées-Orientales et en Bourgogne, comme [r] palatal appelé en langue commune r-roulé. La prononciation du r est aussi un signe de distinction sociale: le [r]-roulé "fait paysan". Vu la grande fréquence de réalisation de [R], il serait donc logique d'utiliser ce signe pour la transcription phonétique. Si nous ne le faisons pas, si nous le transcrivons toujours par petit [r], c'est uniquement pour des raisons de simplicité.

5.2 Les glides ou les semi-voyelles

Dans la dernière figure, nous avons déjà rendu compte des traits phonétiques de la glide [j]. Les glides [w], [j] et [ɥ] ont été apparemment appelées *semi-consonnes* ou *semi-voyelles* parce que ces sons 'intermédiaires' sont à la fois *non-syllabiques* (comme les consonnes) et *sonants* (comme les voyelles). D'un côté, les glides [w], [j] et [ɥ] ont pour base les voyelles [u], [i] et [y], de l'autre, elles se distinguent de ces voyelles parce qu'il faut les réaliser avec une brève fermeture bilabiale (donc produite avec les deux lèvres). Les lèvres sont *arrondies* dans le cas de [w] et de [ɥ], elles sont *non-arrondies* quand on prononce le [j].

Bien que la réalisation des deux glides [w] et [ɥ] pose quelques problèmes aux étrangers (surtout aux Allemands), il existe une technique simple et assez efficace pour les produire automatiquement: il faut d'abord prononcer lentement le [u] dans des mots comme *louer* [lue] ou *loua* [lua]. Si l'on accélère la vitesse de prononciation du mot, on prononcera 'naturellement' à partir d'un certain moment [lwe] ou [lwa]. Il en est de même pour des mots comme *luette* qu'on prononcera d'abord comme [lyɛt]: prononcé plus vite le mot *luette* deviendra automatiquement [lɥɛt], donc la forme standard de prononciation.

DESCRIPTION DES SONS EN FRANÇAIS II: QUESTIONS

1. Complétez la figure 1 en y ajoutant en bas une liste complète des voyelles, des consonnes, des glides et des liquides. Consultez pour ceci le paragraphe 3.2. Expliquez pour au moins trois sons dans chaque classe les traits [± son], [± syll] et [± cons].

2. Intégrez dans la figure 4 les sons suivants: [b,d,g,v,s,ʃ,m]. A ne pas oublier: le [m] n'est pas [+ coronal].

3. Expliquez la différence entre les traits a) [± antérieur] et [± arrière], b) [± continu], [± sonant] et [± voisé].

4. Décrivez en vous servant de tous les traits phonétiques a) les consonnes nasales, b) les liquides et c) les consonnes dentales.

5. Comparez la figure 4 avec d'autres descriptions des consonnes. (Carton, Klein, Rothe, etc.).

6. Pour produire le [ɥ] et le [w] Grammont (1951) donne les conseils pratiques suivants: "On dispose les lèvres et la langue comme pour dire (y), on fait vibrer la glotte et on passe immédiatement à la prononciation de la voyelle qui suit: huit, huile, huître, buis, puissant ..." (53). Pour le [w]: "On dispose les lèvres et la langue exactement comme pour prononcer (u), on fait vibrer les cordes vocales et on passe immédiatement à la prononciation de la voyelle qui suit, c'est le déplacement des organes qui produit le phénomène demandé: oui, ouest, loin, moins, coin, point ..."(15).
a) Ces conseils pratiques reflètent-ils véritablement la réalité articulatoire? Sont-ils précis? Que faut-il entendre par 'déplacement des organes'? Ces conseils sont-ils praticables pour un débutant (qui devrait savoir comment on peut 'faire vibrer' les cordes vocales)?
b) Comparez les conseils pratiques de Grammont aux nôtres donnés au dernier paragraphe. Expliquez, en ayant recours à des critères de phonétique articulatoire (développés dans les deux derniers chapitres) qu'une accélération de la vitesse de prononciation dans des mots comme *louer* a pour *effet naturel* la production du son [w].

Description des sons en français II: exercices

1) Transcrivez les mots suivants: *foi, ail, cruelle, quoi, oui, lui, bien, billet, loin, nuit, noyer*.

2) Les glides [ɥ] et [w] n'ont que quelques orthographes faciles à repérer. Par contre, la glide [j] se trouve dans plusieurs distri-

butions orthographiques. Essayez de les retrouver en vous servant d'exemples.

3) Prononcez successivement [s] et [z], [f] et [v], [ʃ] et [ʒ]. Recommencez soit en vous bouchant les oreilles soit en appuyant les doigts sur la pomme d'Adam. Que constatez-vous? Rappelez le trait phonétique qui différencie [s] de [z], [f] de [v], [ʃ] de [ʒ].

4) Lisez et analysez les phrases suivantes: *Samedi soir, on mangera du poisson; le poison est casé dans le casier; il ne faut pas casser les cycles des saisons; Sisyphe n'était pas philosophe; servez-vous de ces six exercices; le sot saute sur le seau; Zazie va aux eaux ; Susi va au zoo; ne suce pas cette sucette sucrée; l'existentialisme n'est pas un nihilisme.*

5) Lisez et transcrivez les expressions suivantes: *Les cheveux de Jean sont jaunis; attache le chien au garage; le cheval se jette sur le pauvre petit chat; l'image de Geneviève est jolie; les jeunes ne jasent jamais; un chasseur sachant chasser sans son chien.*

6) Lisez les expressions suivantes: *Pardon, ce portefeuille m'appartient; il était désarmant; les larmes de Gilberte; Serge est parti en URSS; l'ours, le rat et le merle se trouvaient mardi soir au bord de la fenêtre.*

Chapitre 6

PHONETIQUE ET PHONOLOGIE. L'APPROCHE STRUCTURALISTE

Dans notre description des 'sons' ou des 'phonèmes' français au dernier chapitre, nous avons utilisé quelques termes de la phonologie
structuraliste sans les préciser. Il nous faut donc expliquer ces termes en analysant, en même temps, la théorie structuraliste qu'ils
présupposent.

6.1 Sons et phonèmes

Si le *Cours de linguistique générale* de Ferdinand de Saussure est à
l'origine de la linguistique structuraliste moderne, la phonologie
structuraliste proprement dite a été développée au sein du *Cercle
linguistique de Prague* (fondé en 1926) qui continue le travail de F. de
Saussure. C'est notamment le livre de N.S. Trubetzkoy *Grundzüge der
Phonologie* publié à Prague en 1939 qui influencera toute la phonologie
structuraliste moderne parce qu'il résume, d'une façon magistrale, la
pensée phonologique de l'*école de Prague*. Trubetzkoy y définit la
phonétique comme

> *Wissenschaft von der materiellen Seite (der Laute) der menschli-
> chen Rede*

et la ***phonologie*** comme une science qui

> *am Laut nur dasjenige zu fassen (hat), was eine bestimmte Funk-
> tion im Sprachgebilde erfüllt (Trubetzkoy (1971), 14).*

Ces sons qui ont *une fonction déterminée* dans le système linguistique
d'une langue sont désignés par Trubetzkoy comme **phonèmes.** La fonction déterminée d'un phonème est, toujours selon Trubetzkoy, de
différencier le sens d'un mot, bref, les phonèmes ont une *bedeutungs-
unterscheidende Funktion* ('une fonction de différenciation de sens').

Expliquons et illustrons ces définitions abstraites par quelques exemples.

La prononciation en français du /r/ comme *R grasseyé* ou comme *r roulé* n'influe en aucune manière sur la signification d'un mot. Nous parlerons toujours d'un homme *aux cheveux roux* bien que nous prononcions le *R* grasseyé dans la zone post-vélaire et le *r* roulé dans la partie alvéolaire du palais. Cependant, si nous prononçons un *l* , nous n'avons plus le même mot, mais un *autre* mot, c'est-à-dire *loup* ou (*il*) *loue.* Comme le *l* différencie le sens, on dira que le son *l* est un phonème en français tandis qu'il n'y a pas deux phonèmes *R* grasseyé *et r* roulé puisqu'ils ne produisent aucun changement de sens. Supposons une langue où ces deux façons de prononcer un /r/ produiraient deux sens *différents;* dans ce cas, on devrait parler de *deux* phonèmes. Si au contraire, dans une autre langue, le *l* ou le *r* évoquait toujours le *même* sens, cette langue ne posséderait qu'un seul phonème *r-l* qui occuperait pour ainsi dire toute la zone de prononciation du *r* et du *l* en français. Enfin, si les prononciations /pom/ et /pɔm/ ne produisaient aucune différence de sens en français, un phonologue structuraliste serait obligé de dire qu'il n'y a qu'un seul phonème *o* en français (qui pourrait être réalisé dans toute la zone de prononciation du *o fermé* et du *ɔ ouvert*). Mais, étant donné que l'ouverture dans la prononciation du *o* produit effectivement un changement de sens en français (*paume* vs *pomme*), l'analyse exacte aboutira donc nécessairement à deux phonèmes différents: le *o fermé* et le *ɔ ouvert.*

6.2 Zones de réalisation. Variantes combinatoires vs libres

Les derniers exemples ont pu montrer qu'un même son (disons le o *ouvert*) peut avoir dans une langue quelconque une fonction de *phonème* tandis que, dans une autre langue, il ne se trouve qu'à l'intérieur d'une zone plus vaste de prononciation (il restera donc purement et simplement *son*). Les réalités *linguistiques* ou *phonologiques* présupposent donc les réalités *physiques* ou *phonétiques*, mais elles n'en dépendent pas parce que tout système phonologique produit son propre ordre interne. Ceci explique qu'un système phonologique peut être réalisé dans plusieurs *substances physiques* (comme dans l'écriture ou dans la parole).

Mais les choses se compliquent un peu parce qu'il faut distinguer plusieurs types de *variantes de prononciation* d'un phonème. Prenons l'exemple de *ich* /iç/ et de *ach* /ax/ en allemand: si le **ch** est prononcé après un *i*, il est toujours réalisé dans la zone palatale du palais, mais on le prononce toujours dans la partie vélaire du palais s'il suit un *a*. Il s'agit donc là de *variantes combinatoires* d'un même phonème **ch** en allemand. Ces variantes sont 'combinatoires' parce qu'elles sont déterminées par les combinaisons phonologiques où se trouve le **ch**. Vu qu'on n'a ni /ix/ ni /aç/, on dira que le /x/ et le /ç/ se trouvent en *distribution complémentaire*. Soulignons qu'en espagnol le **ch** est toujours prononcé dans la partie vélaire du palais (p.e. 'jícara' (= la tasse) se prononce /'xikara/ ainsi que 'jamás' /xa'mas/). Il n'y a donc pas en espagnol de distribution combinatoire des réalisations du phonème **ch** - autrement dit, les zones de réalisation du /x/ en allemand et en espagnol ne sont pas identiques.

On retrouve ce même phénomène de distribution complémentaire dans le cas de **Kirche** et de **Kachel** en allemand ou de *qui* et de *qu'à* en français. En effet, dans les deux langues, le *k* dans le contexte de i se prononce dans la zone antérieure du palais, par contre - dans le contexte de **a** - la prononciation se fait toujours dans la zone postérieure du palais. Ceci nous amène à dire qu'il y a en allemand et en français un seul phonème **k**, phonème qui a deux variantes combinatoires (le *k palatal* et le *k vélaire*), les deux étant donc en distribution complémentaire. Cette distribution complémentaire est immédiatement *palpable* si l'on prononce un mot comme *kaki*.

La prononciation du **R** comme *R grasseyé* ou comme *r roulé* relève-t-elle du même phénomène? Apparemment non. Car cette variation dans la prononciation du **R** n'est pas due au système phonologique français mais à des particularités 'extralinguistiques' de prononciation. On peut distinguer des particularités *individuelles* (chaque individu prononce le **R** d'une façon particulière) ou *régionales* (en Bourgogne on entend souvent le *R roulé*) ou *sociales* (dans la haute bourgeoisie parisienne on n'entendra jamais le *R roulé* parce que cette prononciation indique une prononciation populaire et 'basse'). Quoiqu'il en soit, considérées d'un point de vue purement linguistique et phonologique, ces particularités de prononciation individuelles, régionales ou sociales constituent des *variantes libres* des phonèmes.

On comprendra dès maintenant que ces variations ou particularités sont possibles parce que les phonèmes ne sont pas réalisés par des *sons bien déterminés et limités* mais, en règle générale, par des prononciations qui se trouvent à l'intérieur d'une *zone de réalisation* d'un phonème, elle-même déterminée par tout le système phonologique d'une langue. Ces observations nous permettent de dire métaphoriquement que toute *langue* (au sens saussurien) et tout système phonologique *divise* et *répartit* (en les *compartimentalisant*) les *espaces* de prononciation situés dans l'appareil phonatoire humain.

Un exemple suffira pour concrétiser ces constatations générales. On a souvent remarqué que les Maghrébins disent [lifam] (= les femmes) au lieu de [lefam]. Cette particularité s'explique par le fait que la zone de réalisation du **i** arabe englobe la partie supérieure de la zone de réalisation du **e** français. Si le **e** de *les* est prononcé très haut (comme dans *les femmes*), les Maghrébins le prennent pour un **i**.

6.3 Prosodie, accent, groupe rythmique

On appelle *prosodie* l'agencement des sons en unités plus grandes de prononciation. Les traits caractéristiques de prosodie sont *suprasegmentaux* parce qu'ils s'ajoutent aux 'segments phonétiques', c'est-à-dire aux sons. Ainsi, en variant la hauteur, la longueur ou l'intensité dans la prononciation des syllabes, des mots, des groupes de mots etc. on donnera à son discours une *structure prosodique*, c'est-à-dire une *intonation* spécifique. Dans ce processus complexe d'*intonation*, les variations de la hauteur jouent un rôle primordial:[1] ainsi, ce n'est pas l'intensité qui constitue le facteur dominant dans

---

[1] Cf. Wunderli (1978): " Es kann (...) kein Zweifel daran bestehen, daß die Tonhöhe im Rahmen der Intonation eine zentrale, vielleicht sogar die dominante Rolle spielt" (73). Cf. aussi 116 sq..

l'*accentuation* mais la hauteur.[1] Quant à l'intonation, elle sert surtout
à exprimer le sens d'une énonciation (*affirmation, impératif, interrogation*).[2]

Quels types d'accents faut-il distinguer? Prenons d'abord les *trois*
types suivants: (i) l'accent de syllabe (le "ton" ou l'"accent tonique"),
(ii) l'accent de mot, (iii) l'accent d'un groupe rythmique. *Accent tonique* signifie tout simplement qu'une syllabe est plus "marquée" qu'une
autre (p.e., dans [ʒɔli] c'est la syllabe li qui porte l'accent tonique).
L'*accent de mot*, nous le connaissons depuis le premier chapitre: c'est
l'accent inhérent p.e. aux mots allemands.

Dans le même chapitre, nous avons déjà souligné que c'est toujours la
syllabe finale d'un *groupe rythmique* qui porte l'accent:

(*i*) *Le grand hOmme | a empruntE | trois lIvres | à la bibliothEque*

(*ii*) *Le grand hOmme | a emprunté trois lIvres | à la bibliothEque*

(*iii*) *Le grand hOmme | a emprunté trois livres à la bibliothEque*

Nous appelons cet accent principal d'un groupe rythmique *accent de
groupe rythmique*.[3]

Si l'on respecte certaines limites grammaticales et sémantiques, on a
une assez grande liberté de former des groupes rythmiques qui correspondent le mieux aux buts et aux intentions d'une communication.

---

[1] Cf. Wunderli (1978): 74 sq.; cf. aussi Rothe (1972).: 35 sq. qui désigne les traits pro-
sodiques comme "prosodèmes". Lui-même distingue l'accent, le chronème (= la
durée) et la hauteur. En français, ces 'prosodèmes' ne constituent pas de traits phonologiques parce qu'ils ne différencient pas le sens des mots.
Notons que c'est en dernière instance tout le système phonologique d'une langue
qui détermine le caractère segmental (=phonologique) ou suprasegmental de ces prosodèmes. Ainsi, la hauteur de prononciation ne joue, en français, aucun rôle distinc-
tif, elle constitue donc en français un trait suprasegmental; par contre, en chinois,
les 'tons' (= variations de la hauteur) servent à distinguer le sens des mots, ils sont
donc des traits distinctifs du système phonologique chinois.

[2] Voir aussi Delattre 1966b qui distingue dix "intonations de base": question, continuation majeure, implication, continuation mineure, écho, parenthèse, finalité, interrogation, commandement, exclamation. Par la suite, cette classification a été critiquée et précisée; voir à ce sujet Wunderli (1978): 212 sq..

[3] On trouve aussi au lieu de nos termes - accent tonique, accent de mot, accent de
groupe rythmique - les termes **ton** ("Ton"), **accent** ("Akzent"), **intonation** ("Intonation") (cf. Wunderli (1978): 14 sq. et 56 sq.). Wunderli lui-même utilise le terme **intonation** à la fois comme "accent de groupe rythmique" et comme "prosodie". Pour éviter tout malentendu (le terme **ton** prête aussi à la confusion) nous avons préféré les
termes proposés: **accent syllabique, accent de mot, accent de groupe rythmique**.

Nous définissons les groupes rythmiques comme unités phonétiques, grammaticales et sémantiques marquées en syllabe finale par un accent suivi d'une pause; sur le plan grammatical, ils correspondent toujours à des syntagmes formés d'unités syntaxiques, ces unités étant liées par un rapport grammatical étroit.[1]

Nous appelons aussi l'accent de groupe rythmique *accent grammatical* pourvu que la prononciation ne dépasse pas dans son expressivité le "cadre normal". A côté de cet accent grammatical, nous distinguons, avec Malécot (1977): 26 sq., l'accent *d'insistance* et l'accent *affectif*:

- l'accent *grammatical* s'exprime par une *plus grande durée vocalique* et se trouve toujours *sur la syllabe finale* d'un groupe rythmique:

  -> MesdAmes, MessiEUrs, venez voir ce spectAcle!

- l'accent *d'insistance* se trouve le plus souvent sur *l'avant-dernière syllabe* et se manifeste "*par un supplément de hauteur musicale et d'intensité*" (Malécot (1977): 26):

  -> MESdames, MESsieurs, VEnez Ici!

- l'accent *affectif* se manifeste par une *plus longue durée de prononciation d'une consonne*. "Une petite hausse de ton et d'intensité de la voyelle suivante (...) est une conséquence secondaire de la pression d'air accrue qui s'accumule dans la bouche" (ibid.).

  -> C'est vraiment FFFormidable! /Quelle CCCatastrophe!

---

[1] Dans quelques manuels de phonétique, on trouve au lieu de groupe rythmique les termes mot phonétique, mot accentuel (cf. p.e. Carton (1979): 100 sq.) ou Silbenkomplex (cf. par exemple Hammerström (1972): 27 sq. et 91 sq.). Comme le groupe phonétique est une unité complexe où s'amalgament phonétique, grammaire et sémantique, les différents traités de phonétique ou de phonologie ont souligné l'un ou l'autre de ces aspects (cf. p.e. Klein (1973): 29 sq. et surtout Carton (1979): 100 sq.). Carton lui-même propose, en forme de question, la définition suivante: "Pratiquement, ne pourrait-on enseigner qu'il y a accent, marquant une fin de groupe accentuel, chaque fois qu'on pourrait faire une pause sans nuire ni au sens ni à la grammaire? Ainsi, dans la phrase: "L'ouverture / de la bouche / fait justement / comme un petit rond / qui représente / un o" : il n'y a que six accents possibles" quand l'expressivité est minimale" (102).

PHONETIQUE ET PHONOLOGIE: QUESTIONS

1. Quelles sont en français les différentes réalisations possibles du phonème /r/ ?

2. Citez un phonème qui a aussi différentes réalisations mais que l'oreille ne discerne pas. Y a-t-il des cas comparables dans votre langue?

3. Dans les mots suivants dites quelle sera la réalisation (articulation palatale ou vélaire) du son [k]:
   accablant, inquiet, carrefour, copie, bac, couper, truc, accueil.

4. Dans une langue nigéro-congolaise parlée au Sénégal, le Wolof, le remplacement d'un [k] vélaire par un [k] palatal change le sens du mot, il s'agit donc dans ce cas de deux phonèmes différents. A quelles difficultés se trouveront confrontés un Allemand ou un Français qui voudraient parler cette langue?

5. Reprenez la définition du phonème donnée plus haut. Expliquez l'opération de commutation à laquelle on procède pour inventorier les phonèmes d'une langue. Référez-vous par exemple à: Fernand Carton (1979), 57-58.

6. Expliquez la différence entre son et zone de réalisation en prenant comme exemple les couples /t/-/s/ et /e/-/ɛ/. Comme chaque phonème peut être réalisé phonétiquement dans une zone déterminée, pourquoi ne peut-on pas dire qu'à chaque phonème corresponde un son?

7. *Faites un résumé du débat sur les critères servant à différencier le niveau segmental (= phonologique) et le niveau suprasegmental (= prosodique) d'une langue en utilisant les études de Martinet (1960), de Léon/Martin (1970) et de Wunderli (1978).

8. Il y a des "langues à ton" comme le chinois. Définissez ce terme "langue à ton" après avoir fait un 'dépouillement' des résultats

d'une petite recherche individuelle après avoir consulté des grammaires et/ou phonologies de ce type de langue à votre disposition.

9. Analysez le débat sur la classification des "dix intonations de base" proposée par Delattre (1966b) . Ce débat est résumé dans Wunderli (1978): 212 sq..

PHONETIQUE ET PHONOLOGIE: EXERCICES

1) En 6.3, nous avons défini les groupes rythmiques comme des "unités phonétiques, grammaticales et sémantiques". Utilisez ces critères pour dans le texte suivant a) délimiter des groupes rythmiques b) marquer les syllabes accentuées:

"La France de l'Ouest. Battues par les vents, les côtes déchiquetées de la Bretagne offrent le spectacle impressionnant de leurs promontoires et de leurs rias qui s'enfoncent dans les terres. La pêche, côtière ou hauturière, est l'activité principale des habitants du littoral, tandis qu'à l'intérieur des terres la douceur du climat favorise la culture des primeurs. Fiers de leur particularisme régional, qu'ils s'emploient à préserver, les Bretons savent conserver l'originalité de leur patrimoine culturel, et la survivance des traditions pieusement sauvegardées n'est pas l'un des moindres attraits de cette région fort recherchée par les touristes" ("*Le grand livre de la France*", Editions Larousse).

2) Lisez le texte suivant en respectant les pauses et l'accentuation indiqués:

"Maman débrancha le fer; elle demanda si les jumeaux étaient assez grands aussi, pour ces sorties du jeudi et du dimanche. Par contre, de moi elle avait besoin. La dame expliqua que le patronage n'était pas obligé, il suffisait que j'aille au catéchisme une heure par semaine, après la classe. Ma mère ne savait pas, il faudrait qu'elle demande au père. Je finissais de boutonner le manteau de Chantal. Je dis: "Moi je voudrais bien y aller au catéchisme." Ma mère me regarda étonnée. La dame me fit un tel sourire que je faillis regretter. Elle ressemblait à un fromage blanc" (Christiane Rochefort, *Les petits enfants du siècle*).

Chapitre 7

OPPOSITIONS ET NEUTRALISATION

7.1 Quelques notions de base

Les chapitres précédents, nous avons établi un inventaire des
phonèmes français et de leurs réalisations possibles dans des *zones
de réalisation*. Cependant, nous savons depuis les premiers chapitres
que la prononciation définitive d'un phonème dépend en dernière
instance du contexte ou de l'environnement où ce phonème se trouve.
Pour bien distinguer les différents types de rapports entre les
phonèmes, on emploie, en phonologie structuraliste, un certain nombre
de termes bien définis. Ainsi, pour dire qu'un phonème se trouve 'à
côté d'un autre phonème' on parle d'un rapport *syntagmatique*. On
dira donc que dans /*doze*/ ("doser") le **z** se trouve dans un rapport
syntagmatique avec le **o** et le **e**, et on peut même dire que tous les
phonèmes dans /*doze*/ sont dans un rapport syntagmatique ou qu'ils
se trouvent dans le même *syntagme*. Regardons maintenant le schéma
suivant:

Tab. 1	<-----------	*d o z e*	---------->	*SYNTAGME*
	P	*p o z e*	(poser)	(*contraste*)
	A	*r . . .*	(rosée)	
	R	*k . . .*	(causer)	
	A	*n . . .*	(nausée)	
	D	*.*		
	I	*.*		
	G	*.*		
	M	*.*		
	E	*.*		

(*opposition*)

On le voit, le phonème **d** de /*doze*/ se trouve dans un rapport
syntagmatique avec **o**, **z** ou **e**. Mais ce phonème est, en même temps,
dans un rapport *paradigmatique* avec le **p** de /*poze*/, le **r** de /*roze*/

ou le **n** de /*noze*/. Il est aussi facile de constater que le rapport syntagmatique est un rapport **in praesentia** (c'est-à-dire, tous les phonèmes sont **présents** et **audibles** dans la chaîne parlée) tandis que le rapport paradigmatique est un rapport **in absentia** (dans l'exemple donné les phonèmes **p**, **r**, **k** et **n** ne sont pas présents acoustiquement; mais, par contre, ils *pourraient* être employés dans le contexte syntagmatique –**oze** au lieu de **d**).

On désigne aussi les rapports paradigmatiques comme des *oppositions*, et les rapports syntagmatiques comme des *contrastes*. Ceci nous permet de dire que **d** et **o** dans /*doze*/ sont en contraste (= dans un rapport syntagmatique) tandis que le **d** dans /*doze*/ est en opposition (= dans un rapport paradigmatique) avec **p** dans /*poze*/ ou avec **n** dans /*noze*/.

Signalons que les termes paradigme/syntagme ne sont pas uniquement réservés à la phonologie puisqu'on peut les appliquer à tous les niveaux d'une langue. Nous pouvons donc dire que dans:

Tab. 2	*Le*	*garçon est venu*	*ce matin*
		frère	*hier*
		père	*il y a trois minutes*
		directeur	*l' année dernière*
		.....	....

le mot *garçon* se trouve dans un rapport syntagmatique avec *est* (*venu ce matin*). Le rapport de *garçon* avec *frère*, *père* ou *directeur* est un rapport paradigmatique ainsi que le rapport entre *ce matin*, *hier*, *il y a trois minutes* etc...

7.2 Neutralisations

Avec ces distinctions de base nous sommes à même de décrire et d'analyser un phénomène qu'on peut trouver dans presque toutes les langues: les neutralisations. Ce phénomène signifie qu'on neutralise ou annule une *opposition* qu'on fait dans un contexte **syntagmatique** déterminé dans un *autre* contexte **syntagmatique**. Un exemple illustrera cette définition: à l'intérieur des mots, l'allemand fait une opposition entre les occlusives sourdes *vs* sonores (p, t, k *vs* b, d, g) si ces occlusives se trouvent entre deux voyelles, p.e. "Die Farbe des *Rades* war schön" (la couleur du *vélo* était belle) vs. "Die Absicht seines *Rates* war eindeutig" (le *but* de son conseil était évident). Cette opposition est neutralisée à la finale des mots: "Ich folge seinem *Rat*" vs "Ich sitze auf dem *Rad*" sont donc prononcés d'une façon identique, à savoir /rat/ – autrement dit, l'opposition des occlusives sourdes vs sonores entre deux voyelles est annulée si elles se trouvent à la fin du mot où on ne trouve que les occlusives sourdes. C'est la raison pour laquelle on désigne cette neutralisation par *Auslautverhärtung* (*assourdissement*).[1]

Le français, lui aussi, connaît ce phénomène de neutralisation. Quelques locuteurs du français-standard font toujours à la finale des mots une opposition entre le e fermé /e/ et le e ouvert /ɛ/ pour distinguer p.e. *Je chantais* /ɛ/ vs *Je chantai* /e/ ; beaucoup de Français font encore une différence entre *raie* /ɛ/ vs *ré* /e/.[2] Mais cette opposition est neutralisée devant **r**, un contexte syntagmatique donc où on ne trouve que le e ouvert /ɛ/ (pour ne citer que *père*, *terre*, *dernière* ou *cher*).

La neutralisation est donc, considérée d'un point de vue général, un phénomène où la *complémentarité* entre rapports paradigmatiques et syntagmatiques s'exprime et se concrétise d'une façon spécifique. Comme cette complémentarité entre syntagme vs paradigme s'applique à tous les niveaux linguistiques, on retrouve nécessairement ces neutralisations des oppositions dans d'autres domaines. Prenons, pour illustrer ces suppressions d'oppositions linguistiques, un exemple gram-

---

[1] Soulignons aussi qu'il y a - dans le cas du **k** vs. **g** - des variantes régionales. En 'sud-allemand' on prononce à la finale **k** (on prononcera donc "König" comme /køːnik/), mais, en 'nord-allemand' on prononce /køːniç/. Malgré ces variantes de prononciation on a, dans les deux cas, une 'Auslautverhärtung'.

[2] Cette opposition est cependant en train de disparaître. Cette disparition est liée au fait que le passé simple n'est pratiquement plus utilisé en français parlé. Vu que l'opposition /e/ vs /ɛ/ a servi à distinguer la première personne du singulier du passé simple et celle de l'imparfait (je donnai vs je donnais) une disparition du passé simple rend inutile, voire 'superflu', le maintien d'une opposition qui ne sert qu'à différencier quelques mots rares comme clef vs claie, dé vs dais ou épée vs épais. Voir à ce sujet aussi Rothe (1972): 62 sq..

matical et un exemple lexical ou sémantique. D'abord l'exemple tiré de la grammaire:

(i) Je donne le livre à $\left\{\begin{matrix} elle \\ \\ lui \end{matrix}\right\}$ et non pas à Pierre!

(ii) Je *lui* donne le livre

On voit que l'opposition paradigmatique entre *lui* vs *elle* dans (i) est neutralisée si le pronom est employé immédiatement devant le verbe comme dans (ii).

Mais on trouve ce phénomène aussi sur le plan sémantique ou lexical. Ainsi, *âgé* et *jeune* sont dans une opposition neutralisable. Dans un contexte comme **Il est très _** il y a bien une différence fondamentale entre (*il est très*) **âgé** ou (*il est très*) **jeune**. Mais cette différence sémantique disparaît dans un contexte comme **Il est _ de 12 ans** où on n'emploie que **âgé**. De même, *âgé* a une signification neutre dans **Il est aussi _ que son ami** (c'est pourquoi on peut dire *Il est aussi âgé que son ami. Les deux ont six mois, ils sont très* **jeunes**). Par contre, *jeune* garde sa signification pleine dans ce contexte (on ne peut donc pas dire *Il est aussi jeune que son frère. *Les deux ont 80 ans, *ils sont très* **vieux** - cela produirait de l'ironie, ou même un contre-sens). Illustrons les cas de neutralisation déjà analysés par un schéma:

Fig. 3

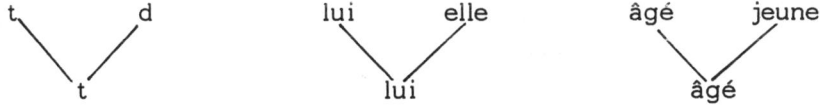

On appelle, depuis Trubetzkoy[1], le terme qu'on retrouve dans les deux contextes terme *non-marqué* , l'autre membre de l'opposition étant appelé terme *marqué*. Sont *marqués* dans la figure 3 les termes *d*, *elle*, et *jeune*.

---

[1] Voir p.e. Coseriu (1973): 27 sq..

OPPOSITIONS ET NEUTRALISATIONS: QUESTIONS

1. Trouvez et analysez d'autres oppositions phonologiques qui sont neutralisables en français ou en d'autres langues.

2. Expliquez à quoi est lié le fait que certaines oppositions phonologiques peuvent disparaître.

3. Etablissez les rapports syntagmatiques et paradigmatiques en vous servant des exemples suivants *mon livre est rouge, son livre est rouge, ton livre est rouge, ..., je lui donne le livre, je le lui donne, je donne le livre à lui, je le donne à lui (et non pas à ce type), ..., je me présente à lui, je me présente à elle, ...*

4. En français, un adjectif déterminant deux noms ou pronoms de genre différent est masculin. De quel phénomène s'agit-il?

5. Trouvez, pour la déclinaison des noms en allemand (ou en latin), des exemples de neutralisation.

6. Distinguez dans les paires suivantes les termes marqués des termes non-marqués: *grand/petit, beau/laid, intelligent/stupide, paresseux/zélé, court/long. Trouvez trois autres paires.*

OPPOSITIONS ET NEUTRALISATIONS: EXERCICES

1) Comparez les mots suivants et leurs prononciations respectives. Que constatez-vous concernant l'opposition [e]/[ɛ]?: *ferme* [fɛrm], *tête* [tɛt], *blé* [ble], *ouvert* [uvɛːr], *assez* [ase], *léger* [leʒe], *reste* [rɛst], *maître* [mɛtr], *sept* [sɛt], *volontiers* [vɔlɔ̃tje], *abeille* [abɛj], *épicier* [episje], *collège* [kɔlɛːʒ], *trapèze* [trapeːz], *chèvre* [ʃɛːvr].

2) Prononcez et transcrivez les mots suivants: *ski, stade, soleil, somme, sans, poisson, poison, caser, casser, caste, poste, estrade, optimisme, laxisme, as, chasse, caisse.* Formulez les règles de prononciation du s (comme [s] ou [z]) en distinguant quatre positions.

3) Retrouvez l'orthographe des mots transcrits: [εksky:z], [εgzᾶ:pl], [εgzekyte], [lyks], [εksklyzi:v], [taksi], [taksasjɔ̃], [miksty:r], [mikse], [εgzil]. Donnez la règle de prononciation de la lettre **X**.

4) Lisez en allemand *greifen, Grad, Grammatik, kriechen, Kraft, Krach* et en français *grève, crève, crevaison, grammatical, criminel.* En allemand, vous constaterez des variantes régionales. Analysez-les et comparez la prononciation du groupe GR dans les deux langues.

Chapitre 8

L'ASSIMILATION ET L'HARMONISATION

Si, dans le cas de la neutralisation, la prononciation ou la non-prononciation d'un phonème donné dans un contexte déterminé est réglée
par tout le système *phonologique*, l'assimilation ou l'harmonisation sont
des phénomènes qui reflètent en premier lieu les caractéristiques
phonétiques du contexte immédiat. Prenons un exemple pour expliquer
cette différence.

Le verbe *plaire* se prononce avec un e ouvert: [plɛːr]; mais *plaisir* a
un e fermé: [plezirr]. La prononciation du e dans *plaisir* s'adapte apparemment à la voyelle de la syllabe suivante, le i. On désigne ce
phénomène d'adaption phonétique aussi par le terme *harmonisation*.
Cette harmonisation n'a lieu qu'en syllabe *inaccentuée*. Si nous comparons cette harmonisation à la neutralisation examinée au dernier chapitre, nous constatons immédiatement que la qualité phonétique du
contexte d'un phonème ne joue aucun rôle dans la neutralisation. Car
si nous disons qu'en allemand l'opposition entre les occlusives sourdes
(p,t,k) et les occlusives sonores (b,d,g) ne se fait qu'en position in-
tervocalique /V_V/, nous ne précisons en rien les qualités phonétiques
des deux voyelles qui entourent ces occlusives. Et nous ne précisons
pas non plus le caractère phonétique du contexte en disant qu'en position finale cette opposition se voit neutralisée /_ #/. Une neutralisation est donc un phénomène très global et presque formel puisqu'on
n'indique que la position d'un phonème dans le syntagme.
Au contraire, cette qualité phonétique du contexte joue un rôle déterminant dans le cas de l'harmonisation où l'on adapte la prononciation
d'une voyelle inaccentuée à la qualité de la voyelle suivante qui se
trouve en syllabe accentuée. Prenons quelques exemples:

aime [ɛm] – *aimé* [eme]; *bête* [bɛt] – *bêtise* [betiːz]; *maigre* [mɛgr] –
maigri [megri]; *vêtement* [vɛtmɑ̃] – *vêtu* [vety].

L'harmonisation ne se fait pas en syllabe accentuée; en syllabe inaccentuée, elle ne se fait pas non plus, si cette syllabe est *fermée*,

c'est-à-dire si elle se termine par une consonne; on a donc *peste* et *empester* [ãpeste] ou *ferme* et *fermer* [fɛrme]. En règle générale, l'harmonisation du e ouvert ne se produit donc qu'en syllabe inaccentuée et ouverte devant un [e], [i] et [y].[1] En rappelant que ces voyelles ont les traits phonétiques [- bas] et [- arr(ière)], on peut symboliser ces données par la règle suivante:

$$R_{harm} \quad /\epsilon/ \quad \rightarrow \quad /e/ \quad / \_ \quad C \quad V$$
$$[- accent] \qquad\qquad\qquad [- bas]$$
$$[- fermé] \qquad\qquad\qquad [- arr]$$

L'harmonisation se fait-elle dans le cas du œ ouvert?
Dans la conversation courante le œ se ferme souvent et se prononce /ø/. On entend donc [ecøre] (pour *écoeuré*), [depøple] (pour *dépeuplé*) ou [køji] (pour *cueilli*). Si on consulte des traités de phonétique et de phonologie française, on constate que la plupart d'entre eux gardent le silence sur cette harmonisation. Quant aux dictionnaires (comme *le Petit Robert, Lexis* ou *le Dictionnaire du français vivant*), ils reflètent le même état de choses: si l'harmonisation du e ouvert est universellement acceptée (on trouve donc partout la transcription [plezi:r] pour *plaisir*), celle du œ ouvert est absente (on a donc [ecœre] pour *écoeuré*).

Pour résumer ces observations: si l'harmonisation du e ouvert *doit* se faire partout (elle est donc devenue une norme), l'harmonisation du œ ouvert *ne devrait pas* se faire puisqu'elle n'est pas encore acceptée comme norme.

---

[1] Bien que cette harmonisation soit effectuée par la grande majorité des locuteurs français, signalons qu'une proportion non négligeable des interlocuteurs interrogés dans Martinet/Walter (1973) prononcent plaisir avec un [ɛ]-ouvert; mais notons également la prononciation de plaisance avec un [e]-fermé par un grand nombre de ces personnes interrogées.

L'harmonisation[1] est un cas spécifique d'un phénomène beaucoup plus global: l'assimilation. On parle d'assimilation dans tous les cas où la prononciation d'un phonème quelconque (voyelles, consonnes, glides, liquides, nasales) est influencée par des propriétés phonétiques de son contexte syntagmatique.

C'est ainsi qu'on entend souvent une assimilation du s à la consonne nasale dans des mots se terminant par –isme. On prononce donc [ɔptimizm] au lieu de [ɔptimism]. De même, le s de Strasbourg se voit souvent assimilé au b ([strazbuːr]) ainsi que le s de tasse de café au d qui tend vers un [z] ([tazdəkafe]). Si le deuxième phonème détermine la prononciation du premier on parle d'une assimilation régressive. Si les Canadiens prononcent cheval comme [ʒval] il s'agit d'une assimilation régressive, mais si on prononce dans le langage courant [ʃfal] il s'agit du phénomène inverse, c'est-à-dire d'une assimilation progressive (voir aussi Scherfer (1983): 16 sq.).

---

[1] Rothe (1972) ne parle point d'harmonisation; Klein (1973), 57 sq. ou Léon (1978): 51 ne citent que l'harmonisation du e ouvert. Barret (1968) note qu'on peut entendre l'harmonisation dans le cas du œ tout en ajoutant qu'elle ne doit pas se faire. Fouché (1956): 80 sq. établit les règles suivantes: (i) en syllabe ouverte, on prononce [ø] (jeudi), (ii) en syllabe fermée on prononce aussi [ø] devant [s] (Eustache), mais il faut prononcer [œ] devant un [r] (pleurnicher).

Ces règles sont pourtant bloquées s'il s'agit de dérivés car, selon Fouché, (iii) il faut toujours garder la prononciation du radical accentué (fleur-fleuri [flœːr]-[flœri], peur-peureux [pœːr]-[pœrø] d'un côté, et bleu-bleuet [blø]-[bløe] de l'autre). On pourrait aussi dire qu'un radical garde toujours sa prononciation indépendamment de son contexte phonétique. Cette règle (iii) est donc en contradiction avec les règles (i) et (ii) qui font dépendre la prononciation du <eu> des différents contextes phonétiques.

Cette contradiction n'apparaît pas dans Gadet (1989) qui explique la prononciation du <eu> en ne s'appuyant que sur des critères phonétiques. Gadet constate deux tendances: en syllabe fermée la voyelle est ouverte, en syllabe ouverte la voyelle est fermée (93).

Mais il nous semble que les locuteurs adaptent aussi leurs prononciations aux contextes phonétiques et prononcent donc plus facilement fleuri ou peureux avec un [ø] parce que ce phonème se trouve en syllabe ouverte inaccentuée suivie d'une voyelle haute. Ceci reflète un trait caractéristique du français, à savoir que la prononciation définitive d'un phonème dépend, en dernière instance, du contexte phonétique où il se trouve (cf. aussi les chapitres 11 et 13 sur la liaison et le e-muet).

Quant au /b/ dans les séquences **abs_** ou **obs_** à l'initiale on a toujours une assimilation régressive, c'est-à-dire qu'on le prononce toujours [p]; *obscure* se prononce donc [ɔpsky:r], *absent* [apsɑ̃].

L'assimilation phonétique est-elle un phénomène purement phonétique? Toute assimilation est d'abord phonétique. Mais, si une assimilation donnée se généralise et devient norme, il s'agit alors d'un phénomène phonologique. C'est le cas du /e/ dans *plaisir* où on se trouve, en français moderne, en face de la règle *phonologique* R$_{harm}$ développée plus haut. Dans le cas de l'harmonisation du œ ouvert, il s'agit déjà, pour beaucoup de Français, d'une règle phonologique puisqu'ils prononcent dans les contextes déterminés /ø/. Dans tous les autres cas d'assimilation cités il s'agit plutôt de phénomènes phonétiques permettant aux locuteurs une plus grande liberté d'expression.

ASSIMILATION ET HARMONISATION: QUESTIONS

1.   Expliquez la différence entre l'assimilation et la neutralisation en vous appuyant sur des exemples de votre choix.

2.   Comment peut-on expliquer le fait que l'harmonisation ne se fasse qu'en syllabe inaccentuée et ouverte?

3.   Quelles conditions devraient être réunies pour que l'harmonisation du œ ouvert devienne une règle normative?

ASSIMILATION ET HARMONISATION: EXERCICES

1)   Voici une liste de mots de base: *un peigne, la fête, la bête, maigre, plaire, la tête, aise, peine, raide, éveil.* Formez à partir de ces mots des dérivés où se produit une fermeture du /e/.

2) Transcrivez les mots suivants *selon la norme actuelle*. Notez cependant les prononciations qu'on peut entendre en français parlé: *écoeuré, pleurer, pleurs, peuplade, peuple, malheureux, peuplier, dépeupler, cueillir, cueillette, cueille, feuille, feuillet, peur, peureuse, Europe*

3) Lisez et transcrivez les expressions suivantes en considérant plusieurs prononciations possibles: *je ne sais pas; ne bouge pas; le médecin général des chemins de fers; dites donc; il monte chaque jour à cheval; j'achète trois tasses de café; ils savent tout.*

4) Transcrivez et expliquez les règles de prononciation dans les mots suivants: *obsession, abdiquer, abdomen, s'absenter, abattage, absolution, observation, objectivisme, abrutir, abréger, obscène.*

Chapitre 9

L'ALLONGEMENT DES VOYELLES

9.1 L'allongement phonologique

Chaque son d'une langue a nécessairement une certaine durée. On peut montrer par des mesures quantitatives que plus une voyelle est fermée plus elle est brève. Un [i] est donc plus bref qu'un [e], lui-même plus bref qu'un [a]. Pour les consonnes, par exemple, il a été constaté que les sourdes sont plus longues que les sonores. De plus, la vitesse à laquelle on parle influence aussi grandement la longueur des sons: ainsi, plus on parle vite plus on a tendance à les raccourcir. De même, plus l'énoncé est long, plus les sons s'abrègent.[1] Ces variations de longueur que nous venons de rappeler sont propres à toutes les langues et se font en fait automatiquement sans que le locuteur, ni d'ailleurs la personne qui écoute, en aient conscience. Dans beaucoup de langues ces variations quantitatives ne jouent pas de rôle phonologique, c'est-à-dire qu'elles n'ont pas de fonction distinctive.

Pourtant, dans certaines langues, des différences de quantité servent à distinguer le sens des mots, elles ont donc une valeur phonologique (cf. chapitre 6). Ainsi, en allemand, la longueur sert à distinguer *bieten* et *bitten*, *Aas* et *As*, *Huhne* et *Hunne* ou *Sohne* [so:nə] et *Sonne* [sɔnə]. On peut donc parler, pour l'allemand, d'allongement phonologi-

---

[1] Voir à ce sujet Malmberg (1962): 84 sq.. Soulignons qu'il y a toujours une interdépendance entre la longueur, la hauteur et l'intensité, le rapport entre ces trois facteurs est spécifique, c'est-à-dire déterminé par une langue donnée (cf. p.e. Artaud/Martin (1968)). Ainsi, en espagnol, il y a une hiérarchie "hauteur - durée - intensité" tandis qu'on constate, en français, la hiérarchie "hauteur - intensité - durée" (cf. Wunderli (1978): 88 sq.). Ces hiérarchies et ces interdépendances donnent à chaque langue son "timbre", sa "tonalité" ou son "caractère" spécifique. C'est ce système d'interdépendances qui détermine en dernière instance la longueur normale d'un son ou d'une syllabe dans une langue donnée.

que.[1] En français moderne, au contraire, ce phénomène d'allongement des voyelles à valeur phonologique ne joue aucun rôle.[2]

9.2 L'allongement phonétique

La quantité fonctionnelle n'est donc pas une valeur intrinsèque des voyelles en français. Prononcées sans accent logique ou affectif, les voyelles françaises *inaccentuées* sont toujours brèves. Seules les voyelles en syllabe *accentuée* peuvent être allongées. Prenons quelques exemples (l'allongement est noté par le signe :).

rage	[ra:ʒ]	*il a la rage au corps*	[raʒ]
quelle excuse	[ɛksky:z]	*il ne faut pas s'excuser*	[ɛkskyze]
sors	[sɔ:r]	*ne sors pas*	[sɔr]
la rive	[ri:v]	*le riverain*	[rivrɛ̃]
un beau livre	[li:vr]	*un livre intéressant*	[livr]

Ces exemples illustrent une première règle: en syllabe accentuée toute voyelle suivie des consonnes ʒ, z, r, v ou vr est allongée.
Une deuxième règle est manifeste dans les exemples suivants:

une émeute	[emø:t]	*une émeute sanglante*	[emøt]
il pose	[po:z]	*il n'a pas posé*	[poze]
elle passe	[pɑ:s]	*elle ne passe pas*	[pɑs]

---

[1] Cet allongement est toujours lié à une fermeture de la voyelle et, surtout, à une plus forte tension de tout l'appareil articulatoire. Si nous utilisons le trait phonétique [+ tendu], nous pouvons dire que [vo:nə] a les traits [+ long], [+ tendu] et [- bas] tandis que [vɔnə] se caractérise par les traits [- long], [- tendu] et [+ bas]. En allemand, il n'y a pas de tension sans allongement (voir Werner (1972): 24 sq.).

[2] Voir toutefois p.e. Léon (1978): p. 20 qui cite des paires comme: malle/mâle, patte/pâte, Anne/âne, halle/hâle pour prouver que l'allongement a une valeur phonologique en français. Cette théorie est apparemment influencée par l'écriture. Or, la longueur définitive du [a] de Anne ne dépend en fait que de la place qu'occupera ce mot à l'intérieur d'un syntagme et d'un groupe rythmique. Comparez: "J'ai vu Anne / Anne, tu viens".

Les voyelles o, ɑ, ø s'allongent quand elles sont suivies d'une consonne. Cependant, dans le cas de la voyelle ɑ, l'allongement de la syllabe
accentuée est beaucoup moins marqué que dans le cas des voyelles
fermées o et ø. Cet allongement ne peut se produire que pour les locuteurs faisant une distinction entre le [a] antérieur et le [ɑ] postérieur (voir aussi Klein (1973): 76 sq.).
Enfin, troisième et dernière règle: toute voyelle nasale accentuée
placée devant une consonne quelconque est allongée.

quelle longueur	[ɔ̃]	*une robe longue*	[ɔ̃:]
un enfantillage	[ɑ̃]	*l'infante*	[ɑ̃:]
une pince usée	[ɛ̃]	*voilà la pince*	[ɛ̃:]

Si nous reprenons les conventions déjà utilisées, il est possible de
représenter les trois règles comme suit:

$$
\text{R1:} \quad \begin{array}{c} V \\ [+\ acc] \end{array} \quad \rightarrow \quad \begin{array}{c} V \\ [+\ long] \end{array} \quad /\_ \left\{ \begin{array}{c} v(r) \\ ʒ \\ z \\ r \end{array} \right\} \quad \#
$$

$$
\text{R2:} \quad \begin{array}{c} a,o,ø \\ [+\ acc] \end{array} \quad \rightarrow \quad [+\ long] \quad /\_\ C^1
$$

$$
\text{R3:} \quad \begin{array}{c} V \\ [+\ acc] \\ [+\ nas] \end{array} \quad \rightarrow \quad \begin{array}{c} V \\ [+\ long] \end{array} \quad /\_\ C
$$

L'ALLONGEMENT DES VOYELLES: QUESTIONS

1. Formulez une seule règle d'allongement en utilisant la formule
    suivante: *Toute voyelle qui porte l'accent dans un groupe rythmi-
    que est allongée si ...*

---

[1] C signifie ici tous les sons qui ont le trait [+ cons], donc les consonnes, les liquides
et les nasales.

2. *Simplifiez les trois règles R1-R3 en ne formulant qu'une seule règle.

3. Expliquez pourquoi l'allongement provoqué par les règles R1-R3 dépend du contexte phonétique dans lequel se trouvent les voyelles concernées.

4. Justifiez le choix des dictionnaires de langue française (comme le *Petit Robert* par exemple) de ne pas noter la longueur des voyelles dans la transcription phonétique des mots.

L'ALLONGEMENT DES VOYELLES: EXERCICES

1) Transcrivez en alphabet phonétique les mots suivants en marquant le cas échéant l'allongement des voyelles:
    sème, mer, brave, flaire, cycle, neige, fermier, épicière, crème, sève, chance, émeute, bonheur, pays, triomphe, lettre, sûr, baffe, heureusement, grande, rendement.

2) Relevez dans le texte suivant les voyelles qui sont allongées et dites à quelle règle elles obéissent (R1, R2, R3).
    "Les jeunes zonards commençaient l'apprentissage du métier dès l'âge de sept ans. Piccioni ne leur faisait d'abord faire que ce qu'il appelait "des gammes": une série d'exercices ayant pour but d'assouplir les doigts, de les allonger ou de les écarter suivant les cas. Au bout de quatre ou cinq mois, il leur permettait de s'exercer sur un mannequin. La première difficulté était la "touche" : deviner dans quelle poche se trouve le portefeuille. Puis venait le travail à proprement parler. Ceux qui avaient des doigts longs et souples travaillaient à la main: d'autres apprenaient à couper ou à dénouer. Il fallait environ six mois de travail pour pouvoir se lancer" (Michel del Castillo, *Le colleur d'affiches*).

3) Expliquez les changements de prononciation dans les séries suivantes: *correctif - corrective, meunier - meunière, épaule -*

épauler, honte - honteux - honteuse, emprunt - emprunter, épaisse - épaisseur, carte - carton, rive - rivière - la rive gauche.

4) Transcrivez les mots suivants: sphinx, mince, mettre, maître, ai je, ai-je tort, atlas, la hanche, Marie-Ange, la hache, menteuse, un os, neutre, Polyeucte, jeune, jeûne.

5) Lisez les phrases suivantes en tenant compte des éventuels allongements des voyelles:

Il ne mange guère; tu n'as guère mangé.

L'appétit me manque; elle manque d'appétit.

Il se trompe; tu te trompes souvent.

Tu trembles? Oui, je tremble de froid; arrête de trembler!

Lance-le; en forme de lance; un lance-flamme.

Le petit verre; le verre est vide; le chat trempe sa langue dans le verre.

Que cette couleur est vive! Vive le roi! Vivement dimanche!

Il est tard; c'est une tare; c'est une tare héréditaire.

Ce fruit est trop mûr; ce n'était qu'un murmure.

Pose ça; il prend la pose; j'ai habité les Vosges.

Mangez de la dinde; le dindon de la farce; c'est dingue!

Une tartine de beurre; je l'ai beurrée; un oeil au beurre noir.

Chapitre 10

LA SUPPRESSION DES CONSONNES FINALES

10.1 Liaison, élision et suppression

Regardons d'abord les trois séries d'exemples (i)-(iii):

(i) *la + amie* -> [lami]; *le + ami* -> [lami]; *si + il* -> [sil]

(ii) *mon + gant* -> [mɔ̃gã]; *le + petit + garçon* -> [ləpətigarsɔ̃]

(iii) *les + amis* -> [lezami] ; *petit + ami* -> [pətitami]

On désigne le phénomène illustré par la série (i) comme *élision*, et celui indiqué par la série (iii) comme *liaison*. Dans ce sens, l'élision ne concerne que les voyelles, la liaison que les consonnes. Le phénomène indiqué par la série (ii) est souvent appelé comme *suppression*. La recherche a longtemps étudié ces trois phénomènes séparément. Schane (1967 et 1968) a été le premier à interpréter ces trois phénomènes dans une description d'ensemble. Illustrons son approche globale par le tableau 1 (C signifie ici toutes les consonnes sauf les liquides L):

Tableau 1

	# C	# V	# L	# G
C #	petit garçon	petit ami	petit rabbin	petit oiseau
V #	admirable garçon	admirable ami	admirable rabbin	admirable oiseau
L #	cher garçon	cher ami	cher rabbin	cher oiseau
G #	pareil garçon	pareil ami	pareil rabbin	pareil oiseau

C'est seulement dans les cas C # # V (*petit ami*) et C # # G (*petit oiseau*) qu'on se trouve devant une liaison au sens traditionnel du terme. L'élision a lieu dans la structure V # # V (G) (*admirable ami (oiseau)*), la suppression dans la structure C # # C (*petit garçon*). Pour englober les deux derniers cas de non-prononciation, Schane (1967: 41) introduit le terme de *troncation*.

Reconstruisons d'abord sa *règle de troncation* ("rule for truncation"): le tableau 1 montre, en effet, que la finale n'est supprimée que s'il s'agit d'une voyelle ou d'une consonne (les liquides et les glides se prononcent toujours). Les consonnes ne sont pas réalisées devant consonnes et liquides, quant aux voyelles, elles sont supprimées devant voyelles et glides. Nous pouvons donc formuler deux règles:

$$T1 \quad C \rightarrow \emptyset \quad /\_\# \begin{Bmatrix} C \\ L \end{Bmatrix} \qquad T1 \quad \begin{bmatrix} + \text{cons} \\ - \text{syll} \end{bmatrix} \rightarrow \emptyset \quad /\_\# \ [+ \text{cons}]$$

$$T2 \quad V \rightarrow \emptyset \quad /\_\# \begin{Bmatrix} V \\ G \end{Bmatrix} \qquad T2 \quad \begin{bmatrix} - \text{cons} \\ + \text{syll} \\ - \text{acc} \end{bmatrix} \rightarrow \emptyset \quad /\_\# \ [- \text{cons}]$$

(On ne prononce pas de segments consonantiques devant des segments consonantiques (= T1), des segments syllabiques non-accentués ne se prononcent pas devant des segments non-consonantiques (= T2)).

Les deux formulations de chaque règle sont équivalentes. La deuxième formulation utilise les traits phonétiques pertinents pour décrire ces quatre classes de sons C, V, L, G. Dans la règle T2 nous avons ajouté le trait [- acc] (*non-accentué*) parce que la voyelle finale dans des mots comme *joli* ne tombe pas puisqu'elle porte un accent tonique.[1]

La règle T1 est apparemment dans un rapport étroit avec les règles données dans le premier chapitre:

R1   C -> Ø /_ # C   R2   C -> Ø /_ ##

---

[1] Cet accent tonique ne doit pas être confondu avec l'accent de mot en allemand; cf. plus haut p. 48.

10.2   La règle de suppression

En effet, T1 est une précision de R1 parce que cette formulation distingue les consonnes C (au sens strict du terme) et les liquides L. Nous allons formuler les règles T1 et R2 en une seule règle:

$$\text{Rs} \quad \text{C} \rightarrow 0 \ /\_ \ \# \ \left\{ \begin{array}{l} \# \\ \text{C} \\ \text{L} \end{array} \right\} \quad \begin{array}{l} \rightarrow \textit{il est petiT} \\ \rightarrow \textit{le petiT garçon} \\ \rightarrow \textit{le petiT radin} \end{array}$$

Nous appelons cette règle Rs *règle de suppression* (*des consonnes finales*). Soulignons enfin que Rs ne s'applique que dans le cas des consonnes finales C et non pas dans le cas des liquides L ([mer]) et des glides G ([parej]).[1]

Avec cette description, nous posons qu'il y a au niveau phonologique du français dans /pətit/ un /t/ qui n'est réalisé que dans la liaison, dans les autres cas prévus par les règles Rs cette consonne est effacée. On le voit, le problème de la liaison est en partie le même que celui de la suppression des consonnes finales.

Cette description 'classique' a été critiquée - entre autres - par Klausenburger et Tranel qui expliquent la présence d'une consonne de liaison (*un petiT ami*) comme le résultat de l'**insertion** d'une consonne. La forme masculine de l'adjectif *peti(t)* ne possède donc pas de /t/ dans sa représentation phonologique ce /t/ étant ajouté à /pəti/ par une règle d'insertion devant un mot qui commence par une voyelle.[2]

Klausenberger et Tranel avancent, dans leur critique de la 'théorie de la suppression classique', surtout le grand nombre d'exceptions à la règle de suppression Rs (cf. Tranel (1981): 196 sq.):

---

[1] Cf. aussi p. 10 où nous avons déjà annoncé cette précision. Rappelons que C englobe ici les obstruantes et les nasales sauf les liquides (cf. la description des consonnes plus haut p. 37 sq.).

[2] Cf. surtout Tranel (1981): 159 sq. et Klausenburger (1984): 18 sq.. Notre description est 'classique' parce qu'elle correspond, dans le cadre de la phonologie générative, pour l'essentiel à celle donnée par Schane (1967 et 1968) ou par Dell (1973). Mais elle est aussi 'classique' parce qu'on la trouve déjà dans la phonétique traditionnelle et structuraliste (cf. p.e. Gougenheim (1935): 52, Fouché (1956): 434 et Klein (1973): 161) où on part aussi d'une consonne 'muette' ou 'latente'. Dans le cadre de la théorie structuraliste cette conception a été critiquée par Heger (1968) qui a anticipé les arguments de Klausenburger et de Tranel; cf. Felixberger (1976): 114 sq..

(*i*) *sac, lac, sec, sept, sauf, oeuf, total, bref, fan, script, incorrect, pur, mur, turc, parc, prospectus etc..*

(*ii*) *croup, handicap* (-*p*)
     accessit, déficit, granit, transit, vermouth, mammouth, abrupt, cobalt, toast, verdict, volt, sprint (-*t*)
     bivouac, ressac, loustic, hamac, mastoc, diagnostic, viaduc, bric à brac, spoutnik (-*k*)
     angélus, mordicus, prospectus, motus, vasistas, atlas, albinos, albatros, kermès, index, phénix, sphinx, biceps, forceps (-*s*)
     baobab, nabab, club, snob, Jacob (-*b*)
     David, Alfred, Madrid, Mohammed, week-end (-*d*)
     grog, zigzag (-*g*)   *Kiev, Tel-Aviv* (-*v*)   *Berlioz, fez, gaz* (-*z*)

(*iii*) *CAPES, FNAC, OPEC, SMIG, SNES, UNEF*

(*iv*) [agreg] (<- *agrégation*), [certif] (<- *certificat*), [ɛ̃stit] (<- *instituteur*), [manif] (<- *manifestation*), [reak] (<- *réactionnaire*)

En face de ces exemples classiques (i), de ces mots nouveaux (ii) et de ces abréviations officielles (iii) et familières (iv) ne faut-il pas, avec Tranel, conclure qu'il y a une nouvelle tendance en français moderne à prononcer les consonnes finales? Certes, on ne peut pas nier cette tendance pour les mots étrangers ou savants. Mais en conclure que cette tendance domine le français moderne et que la règle de suppression produit d'incorrectes affirmations "about the directionality of language change" (Tranel (1981): 203) nous semble largement injustifié.[1]

Il n'existe donc aucune nécessité d'abandonner la règle de suppression Rs. Mais il nous faut mettre un peu d'ordre dans la masse des

---

[1] Tranel (1981): 196 cite Fouché (1966): 672 pour soutenir son hypothèse: "Dans les mots qui existaient dans le lexique avant la seconde moitié du XVIIe siècle, on peut considérer que la chute des consonnes finales a été générale. Cependant ces consonnes ont pu être rétablies par la suite". Pourquoi Tranel ne cite-t-il pas la suite de cette phrase dans Fouché: "Dans certains cas, la régression a été définitivement acceptée. Elle a pu aussi n'être que passagère. Dans quelques mots enfin, elle n'a pas réussi à s'imposer"? Soulignons que cette remarque de Fouché ne se réfère qu'aux mots avec une seule consonne finale. Pour les groupes consonantiques finals Fouché (1966): 785 constate clairement: Du début du XVIe siècle à nos jours "les groupes consonantiques finals qui subsistaient encore chez les grammairiens du XVIe siècle se sont généralement réduits à zéro, soit à une seule consonne [sic!]. Cependant il n'en a pas été toujours ainsi: dans certains mots [sic!], ils se sont maintenus jusqu'aujourd'hui avec leurs deux éléments ou un seul". Nous-mêmes suivons donc Fouché en soutenant que la règle de suppression des consonnes finales fonctionne toujours malgré les exceptions citées.

exceptions déjà observées. Nous avons pu constater que la règle Rs est bloquée dans le cas des liquides et des glides /r/, /l/ et /j/; ajoutons à cette restriction le cas du /f/, du /v/, du /k/ et des occlusives sonores /b,d,g/:

- r: *finir, s'asseoir, détour, peur, lecteur, mur, dur, pur, cher, leur...*[1]
- l: *manuel, latéral, poil, miel, sel, gel, tel, quel ...*[2]
- j: *pareil, soleil, détail, bétail, ail ...*
- f: *attentif, explosif, pensif, boeuf, oeuf, neuf, chef ...*[3]
- v: *Kiev, Tel-Aviv*
- k: *avec, roc, trafic, bouc, lombric, coq ...*[4] *break, cheik ...*[5]
- b/d/g: *snob, grog, club, zigzag ...*

Nous devons intégrer ces observations dans la règle de suppression comme suit:

Rs': règle de suppression des consonnes finales

$$C \rightarrow \emptyset / \_ \# \begin{Bmatrix} \# \\ C \\ L \end{Bmatrix}$$

Exceptions: f, k (et v, b, d, g)

Nous avons noté le cas des v, b, d et g entre parenthèses parce que le nombre de mots se terminant par ces consonnes est minime; voire, à la finale des mots, ces consonnes sont atypiques pour le français. Comme la règle Rs' n'englobe pas les liquides (et les glides), la suppression n'a lieu que dans les cas suivants:

p, t	->	galop, sirop, loup, avocat, mot, tôt, saut
s, z	->	nez, diffus, jus, puis, gros, finis, insoumis
m, n	->	parfum, thym, son, ton, faisan

---

[1] Exceptions: les verbes du premier groupe ("chanter"), les adjectifs en "-ier" ("dernier") et "léger".

[2] Exceptions: "gentil", "outil", "fusil", "cul", "sourcil".

[3] Il y a une seule exception: "la clef" - mais on peut aussi l'écrire comme "clé".

[4] Excepté "estomac, tabac, accroc, croc, escroc, raccroc, caoutchouc".

[5] Le /k/ des mots qui s'écrivent avec un graphème k est toujours prononcé.

Avec ces précisions le nombre de 'vraies' exceptions se réduit d'une façon remarquable:[1] les nasales tombent toujours sauf dans les mots savants d'origine latine comme *maximum* ou *référendum*; les exceptions dans le cas du /s/ sont très rares (*bus, fils, as, hélas, atlas*) en ce qui concerne les mots de base tandis que le nombre de /s/ finals prononcés dans des mots savants est plus grand: *anus, cosmos, profundis, clitoris, cactus, chorus, prospectus etc.*. Le /z/ ne se prononce que dans *gaz* et dans *fez*. Dans le cas du /t/ on relève aussi quelques mots savants ou étrangers: *déficit, prétérit, over-coat, coït* et un petit nombre de mots de base; *net, brut, dot, chut!* Enfin le /p/ se prononce dans *stop, cep, cap* ou *hanap*.

Pour terminer ce chapitre, signalons que les deux phénomènes suivants concernant des *groupes* de consonnes finals sont contenus dans la règle Rs' (puisqu'elle ne précise pas la nature des phonèmes précédant les consonnes soumises à la suppression):

- NC: en règle générale, les consonnes qui suivent une nasale tombent (*banc, blanc, rang etc.*) sauf dans *zinc, week-end, stand, boomerang, gong, tank, sens*
- rC: les consonnes après r ne sont pas prononcés (*bourg, concert, court, dard, lard etc.*) sauf dans: *arc, parc, turc, mars, ours*.

Pour résumer l'idée centrale de ce chapitre: il y a en français un assez grand nombre de mots où les consonnes finales ne tombent pas. Analysé de plus près on constate qu'il s'agit, dans la grande majorité des cas, de mots savants ou étrangers ou tout simplement d'abréviations. Nier à cause de ces exceptions l'existence même de la règle de suppression des consonnes finales, constitue donc une généralisation illégitime, voire fausse.[2]

---

[1] Pour plus de détails voir les listes dans Fouché (1956): 376-433; dans nos exemples, nous ne prenons pas en considération les noms propres!

[2] Notons qu'il faut appliquer les règles phonologiques dans un ordre déterminé. Pour prévoir la prononciation de /mon/ p.e. on devra suivre l'ordre suivant:
Forme de base /mont/ -> 1. Nasalisation /mɔ̃nt/ -> 2. Suppression de la consonne nasale /mɔ̃t/ -> 3. Suppression de la consonne finale [mɔ̃].
Si l'on appliquait d'abord la règle 2., le résultat de la dérivation serait [mo], donc faux. Nous ne nous occupons pas, dans cette introduction, de l'ordre des règles pour ne pas compliquer la démonstration et la compréhension. Cet exemple n'est donc donné qu'à titre indicatif; cf. sur le problème du "rule ordering", Kiparsky (1973), Mayerthaler (1974): 60 sq., Dell (1973b) et Dell (1985): 85 sq..

LA SUPPRESSION DES CONSONNES FINALES: QUESTIONS

1. Vérifiez la représentativité des règles énoncées dans le chapitre
   précédent sur un échantillon de mots français que vous choisirez
   parmi le vocabulaire courant.

2. Comment peut-on expliquer qu'il y des mots comme *soit, plus, fait*
   avec deux prononciations différentes?

3. Décrivez dans les grandes lignes l'évolution des groupes de
   consonnes finals depuis le XVIe siècle en vous appuyant sur
   Fouché (1966).

4. *Comparez les arguments de Heger (1968) et de Tranel (1981) contre
   les théories phonologiques qui supposent l'existence d'une consonne de liaison "latente".

5. *Quels sont les aspects les plus essentiels avancés   par Tranel
   (1981) contre la théorie classique de la suppression des consonnes
   finales.

6. *Toute théorie qui nie l'existence de consonnes latentes doit insérer
   ces consonnes quelque part dans la dérivation de la prononciation
   d'un mot – ce qui produit souvent des décisions arbitraires. Par
   exemple: si la forme phonologique de base de *petit* est /pəti/,
   pourquoi faut-il ajouter dans la dérivation de la prononciation
   dans *le petit ami* un /t/ et non pas un /f/ un /k/ etc.? Analysez
   de ce point de vue comment Tranel (1981) et Klausenburger (1984)
   justifient l'insertion des consonnes.

LA SUPPRESSION DES CONSONNES FINALES: EXERCICES

2. Retrouvez les graphies des mots suivants:

   a) [west], [maksimɔm], [œ:r], [bɛk], [kadyk], [lʒ], [pastɛl], [ruʒœ:r],
      [sypɔ:r], [ləvje], [gratis], [mars], [ymɛ̃], [kɔ̃fidɑ̃sjɛl], [galimatja].

b) [rəpɔrte:r], [ɔldœp], [ɛ̃tervju], [pinœp], [futbol], [revɔlve:r], [biznœs], [blœf], [klœb], .

4. Donnez ou transcrivez la prononciation des mots suivants: ('*' signifie: deux prononciations possibles)

a) caoutchouc, froc, blanc, Marc, turc, escroc, truc, estomac, en vrac, marc, croc, talc, tabac, laïc, franc, parc.

b) final, gentil, vil, carentiel, avril, nombril, saoul, fusil, cheval, persil, animal, émail, cocktail, Brésil, outil, cil, sourcil, baril, oeil, gouvernemental.

c) nerf, oeuf, clef, chef, naïf, bourratif, explosif, chétif, fret, PAF, veuf, pif.

d) *soit, *est, sept, artichaut, tact, prétérit, quolibet, repeint, dot, *but, respect, net, déficit, pot, avocat, *fait, prêt, *convient, court, ci-gît, chut.

e) *vis, boeufs, sans, hélas, amis, contresens, oasis, *bis, encens, en-cas, *as, conquis, jadis, *fils, vasistas, *os, assis, prospectus, biceps, cosmos, héros.

f) passer, inventeur, or, monsieur, mer, léger, gangster, gonfler, pull-over, arrosoir, soeur, cuiller, se fier, fier, enfer, four.

g) clown, parfum, nom, maximum, dolmen, moyen, spécimen, album, oignon, macadam, charbon, lycéen, pollen.

5. Analysez dans un texte d'un journal de votre choix la (non)-prononciation des consonnes finales. Relevez les cas ne correspondant pas à la règle de suppression des consonnes finales Rs' qui vous a été donnée. Calculez à titre indicatif le nombre des exceptions par rapport au nombre des cas normaux. Qu'en concluez-vous?

Chapitre 11

LA LIAISON

11.1 Les liaisons non-marquées ou obligatoires

Dans le dernier chapitre, nous avons déjà analysé la liaison d'un
point de vue générale. La règle de suppression des consonnes finales
Rs implique, en effet, que la consonne finale ne tombe pas devant des
segments commençant par une voyelle ou une glide. Notre conception
est 'classique' parce qu'elle détermine la liaison comme *prononciation
d'une consonne latente*. Cependant, le contexte choisi pour illustrer Rs
(c'est-à-dire *adjectif + nom* à l'intérieur d'un syntagme) était très
simple. Il y a d'autres contextes où on a le choix de lier la consonne
finale au mot qui suit et il y en a d'autres où la liaison ne se fait jamais. C'est la raison pour laquelle la recherche traditionnelle – et la
phonétique normative – distingue les liaisons *obligatoires*, *facultatives*
et *interdites*. Prenons deux cas clairs:

(*i*) *un bon͜ ami*   (*ii*) *le garçon // aime les gâteaux*

Dans (i) la liaison est obligatoire, dans (ii) elle est interdite. Supposons que tous les locuteurs fassent les liaisons là où elles sont obligatoires et les évitent là où elles sont interdites, ces emplois
seraient, d'un point de vue linguistique, *non-marqués*.[1] Seuls les cas
où on a le choix, c'est-à-dire où la liaison est facultative, sont donc
linguistiquement *marqués* – (ne pas) faire la liaison dans les cas facultatifs est donc aussi un moyen   de *distinction linguistique et sociale*. Cependant, pour pouvoir déterminer les zones où la liaison est
facultative il faut connaître les extrêmes, à savoir les cas où il faut
absolument les réaliser ou les éviter. Essayons donc d'abord de
déterminer les conditions où les liaisons sont obligatoires et non-
marquées.

Partons de la définition classique de Fouché (1956):

---

[1] Les termes "obligatoire" et "interdit" indiquent même qu'il y a, dans ce domaine,
beaucoup de variations. Aucun grammairien ne dirait, évidemment, qu'il est "obligatoire" de mettre l'article devant le nom ...

"La liaison consiste (...) à prononcer devant un mot commençant par voyelle une consonne finale, muette en dehors de cette condition (...). La consonne finale du premier mot se soude à la voyelle initiale du second mot pour former syllabe avec elle" (434).[1]

Cette définition purement phonétique n'exclut pas qu'on fasse une liaison dans des cas comme:

(i) Pierre est petit + et Jean est grand -> /...pəti (T) e ʒɑ̃ .../

Il faut donc ajouter une deuxième condition qui stipule un rapport grammatical *étroit*[2] entre les deux mots (le rapport entre l'adjectif *petit* et le substantif *ami* qu'il détermine est plus étroit que celui entre *petit* et la conjonction *et*). Un rapport grammatical étroit s'exprime en général, sur le plan phonétique, par une prononciation cohérente, continue et unique des mots constituant un syntagme, donc par la prononciation en *groupe rythmique*.

Si un rapport grammatical étroit entraîne toujours un groupe rythmique, l'inverse n'est pas vrai. Un groupe rythmique peut, en effet, englober plusieurs syntagmes. Expliquons ce fait par:

(*1a*) (*Mon petit amant*) (*est allé aux environs de Rennes*) et (*Anne reste*)
(*1b*) (*Mon petit amant*) (*est allé*) (*aux environs de Rennes*) (*et Anne reste*)
(*1c*) (*Mon petit amant est allé aux environs de Rennes*) (*et Anne*) (*reste*)

Les parenthèses constituent, dans chaque mode de prononciation, des groupes rythmiques. Bien que la forme (1a) soit la plus normale et la plus 'naturelle', les formes (1b) et (1c) (où toute la phrase constitue un seul groupe rythmique) sont parfaitement possibles. Quelle que soit la forme qu'on réalise, il y aura toujours liaison entre *petiT* et *amant*,

---

[1] La liaison est toujours accompagnée d'un déplacement de la frontière de mot puisque la consonne de liaison s'enchaîne au mot qui suit. Nous allons décrire ce phénomène d'enchaînement dans le paragraphe 11.3. Dans notre analyse de la liaison nous nous sommes surtout servi de: Fouché (1956): 434-479, Delattre (1966): 39-54 Léon (1978): 118-132; Tranel (1981): 223-248 et Morin/Kaye (1982); cf. aussi les études critiques de Felixberger (1976) et de Klausenburger (1984).

[2] Delattre (1966): 55 sq. souligne aussi - pour les liaisons facultatives - l'importance du rapport grammatical étroit pour qu'il ait liaison. A côté de ce facteur syntaxique, il distingue les facteurs suivants: stylistique, prosodique, phonétique et historique. Pour Dell (1973): 41 sq. et Selkirk (1974) un rapport grammatical 'suffisamment étroit' est une "conditio sine qua non" pour la liaison.

entre *esT* et *allé*, entre *auX* et *environs*, mais il n'y aura jamais de liaison entre *amanT* et *est* ou entre *eT* et *Anne* ni d'élision entre *amI* et *est*, ni entre *allE* et *aux*.[1]

Dans tous les cas d'empêchement de la liaison on constate que la condition d'un *rapport grammatical étroit* n'est pas remplie. Ce n'est donc pas le groupe rythmique, mais la *proximité grammaticale* entre deux mots qui est responsable de la (non-)réalisation de la liaison. En résumant les observations de ce paragraphe nous pouvons constater que la **liaison** est réalisée si trois conditions sont remplies, à savoir:

a.   le mot suivant commence par une voyelle ou une glide

b.   les deux mots se trouvent à l'intérieur d'un groupe rythmique.

c.   il y a un rapport grammatical étroit entre les deux mots liés par une liaison

Que signifie *rapport grammatical étroit*? Avant de pouvoir préciser cette notion, il nous faut, d'abord, établir quelques notions de base d'une simple grammaire structurale.

Toute phrase non-complexe a la forme suivante:

(1)   Phrase -> SN + SV (+ SC)

   (où SN = syntagme nominal; SV = syntagme verbal; SC = syntagme circonstanciel)

Donnons quelques exemples pour ces groupes syntaxiques:

Tableau 1

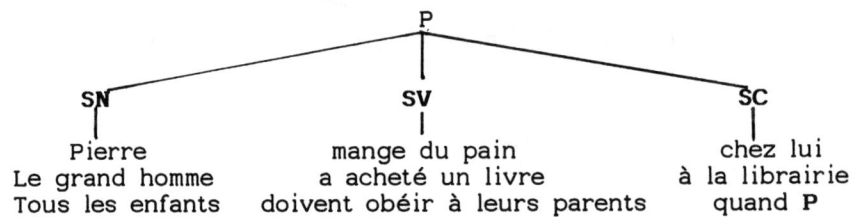

SN	SV	SC
Pierre	mange du pain	chez lui
Le grand homme	a acheté un livre	à la librairie
Tous les enfants	doivent obéir à leurs parents	quand **P**

---

[1] Signalons que l'élision d'une voyelle se produit dans les cas suivants: avec les articles "le", "la" et "de", les pronoms "je", "me" "te" et avec "que" devant des mots - d'une autre catégorie grammaticale (!) - commençant par une voyelle ou une glide et avec "si" suivi de "il" ou "ils". Comme le problème de l'élision est surtout lié au problème de la pronociation du "e-muet" (schwa) nous analyserons les autres cas non-mentionnés ici dans le paragraphe 13.

La dernière phrase montre qu'on pourrait employer, au lieu d'un syntagme circonstanciel, toute une phrase temporelle ou autre (comme p. e. *quand ils sont très jeunes*).

Regardons maintenant les syntagmes nominaux (SN) de plus près. Tout syntagme nominal contient au moins un *nom* (ou, à sa place, un *pronom*). Les noms peuvent être déterminés par des *déterminants*, c'est-à-dire par des articles, des démonstratifs, des possessifs, des numéraux ou des quantificateurs comme *beaucoup de, peu de, tout, quelques* etc., et par des *adjectifs*:

Tableau 2

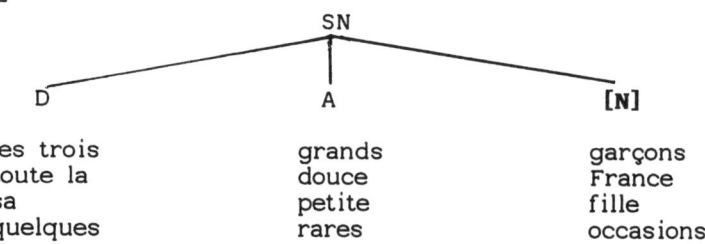

D	A	**[N]**
les trois	grands	garçons
toute la	douce	France
sa	petite	fille
quelques	rares	occasions

(Nous avons mis les N entre crochets pour indiquer que les N sont *déterminés* par les D et les A)

On le sait, la plupart des adjectifs doit être placée après le nom comme par exemple *intelligent* dans le tableau 3:

Tableau 3

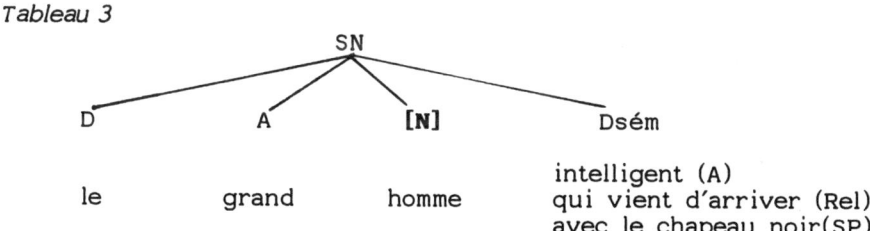

D	A	**[N]**	Dsém
le	grand	homme	intelligent (A)
			qui vient d'arriver (Rel)
			avec le chapeau noir(SP)

Dans ce tableau, nous avons distingué les déterminants *grammaticaux* D des déterminants *sémantiques* **Dsém**. Les déterminants grammaticaux D sont toujours antéposés, les déterminants sémantiques sont, en règle générale, postposés sauf un certain nombre d'adjectifs qui peuvent être antéposés.

Ces tableaux nous permettent de définir aisément ce qu'il faut entendre par *rapport grammatical étroit*. Si, à l'intérieur d'une catégorie grammaticale, un élément détermine directement un autre élément, ces deux éléments sont dans un rapport grammatical *étroit*. Dans le tableau 3 où toutes les quatre catégories se trouvent à l'intérieur du SN, cette condition est remplie par les paires A -> N, D -> N et Dsém -> N. Comme le rapport entre les catégories A, D, Dsém est une sorte de parenté entre "soeurs", nous dirons que A, D, Dsém se trouvent dans un *rapport de parenté*.

Ces distinctions nous permettront de mieux cerner les problèmes posés par la liaison. Rappelons les trois conditions nécessaires pour une liaison:

a. *le mot suivant commence par une voyelle ou une glide*

b. *les deux mots se trouvent à l'intérieur d'un groupe rythmique*

c. *il y a un rapport grammatical étroit entre les deux mots liés.*

Mais ces conditions ne sont pas suffisantes puisqu'il n'y a pas de liaison avec les adjectifs postposés au singulier comme:[1]

(2) *un enfant / intelligent; un appartement / immense ...*[2]

Il faut donc ajouter une quatrième condition aux conditions a-c:

d. *dans les syntagmes nominaux (SN) les déterminants (adjectifs inclus) doivent être antéposés.*

Dans cette position, la liaison est obligatoire pour presque tous les prédéterminants:[3]

(3a) *tous les trois‿amis; le second‿acte; plusieurs‿oiseaux; quelques‿enfants ...*

(3b) *plusieurs‿aimables‿enfants; tous les‿autres‿amis; deux‿aimables‿amis ...*

Les exemples de la série (3b) montrent que la liaison a aussi lieu entre tous les déterminants de nom antéposés. Comme les adverbes et les adjectifs se trouvent aussi dans un rapport grammatical étroit, il n'est pas étonnant qu'il y ait liaison entre ces catégories grammaticales:

---

[1] La liaison est donc obligatoire si l'adjectif précède le nom (A-N) et elle est interdite s'il est postposé (N-A). Ceci peut produire des différences de sens. Citons l'exemple classique (cf. déjà Schane (1967)): "un savant anglais". Sans liaison, "savant" est un nom; avec liaison, "anglais" constitue le nom déterminé par l'adjectif "savant".

[2] Il y a pourtant quelques constructions figées où il faut faire la liaison: accent‿aigu, droit‿acquis, fait‿accompli, cas‿échéant.

[3] Signalons une exception: la liaison se fait pour les adjectifs "grand, lent", mais non pas pour "court, fort, lourd".

(4a) *très utile affaire; bien étrange homme; trop aimable geste …*

(4b) *assez…aimable garçon; une affaire tout à fait…inutile …*

Nous constatons que la liaison est obligatoire pour les adverbes d'une seule syllabe (= adverbes monosyllabiques) tandis qu'elle est facultative pour ceux de plusieurs syllabes (= adverbes polysyllabiques). Dans le dernier exemple de la série (4b) le syntagme adjectival (SA) *tout à fait inutile* est postposé, mais, à l'intérieur de ce syntagme, l'adverbe "tout à fait" est un prédéterminant. Dans les syntagmes adjectivaux – quelle que soit leur place dans une phrase – on constate le même phénomène que dans la série (4):

(5a) *c'est bien étrange; cela est plus important; la robe est moins élégante*

(5b) *Il est souvent…absent; il est tellement…occupé; je suis vraiment…enchanté*

Regardons maintenant les syntagmes prépositionnels (SP) comme:

(6a) *chez eux; dans un mois; en hiver; dès à présent …*

(6b) *depuis…un mois; pendant…une semaine; devant…une maison …*

Généralisons les deux dernières séries en soulignant que la consonne finale des prépositions monosyllabiques est toujours liée au mot suivant tandis que, pour des prépositions polysyllabiques, ce choix est libre. Ces observations nous amènent à une première règle de liaison obligatoire:

L1   La liaison est obligatoire: (i) dans les syntagmes nominaux entre tous les déterminants de nom antéposés et le nom; (ii) dans les syntagmes adjectivaux entre les adverbes monosyllabiques et les adjectifs; (iii) dans les sytagmes prépositionnels entre les prépositions monosyllabiques et le mot suivant.

Dans tous ces cas au moins quatre des cinq conditions suivantes sont remplies:

a.   *le mot suivant commence par une voyelle ou une glide*

b.   *les deux mots se trouvent à l'intérieur d'un groupe rythmique*

c.   *il y a un rapport grammatical étroit entre les deux mots liés*
     (si cette condition n'est pas remplie, il faut au moins qu'il y ait un rapport
     de parenté ou que les éléments liés soient dominés par la même catégorie
     grammaticale)

d.   *les éléments déterminants précèdent les éléments déterminés*

e.   *la consonne de liaison se trouve dans des éléments monosyllabiques.*

Les exemples dans (7a) remplissent toutes ces conditions, ceux de (7b) ne remplissent pas la condition (e) et ceux de (7c) font exception à la condition (c):

(7a) *un bel⌣ami; il est très⌣ouvert; nos⌣amis; de grands⌣enfants; tout⌣homme;*

   deux⌣oiseaux; leurs⌣amis; tels⌣hommes …

(7b) *au dernier⌣étage; de nombreux⌣arbres; d'anciens⌣élèves …*

(7c) *chez⌣un copain; en⌣hiver; sous⌣un toit; tes⌣aimables conseils…*

Ces exemples nous amènent à dire que la liaison est *absolument obligatoire*[1] et donc linguistiquement *non-marquée*, si toutes les cinq conditions sont remplies (comme dans (7a)); par contre, la liaison n'est qu'*obligatoire* dans des cas comme (7b) et (7c). Ceci explique que le degré d'obligation peut diminuer pour certaines catégories grammaticales: nous pensons à la construction *adverbe polysyllabique + adjectif* où la liaison n'est que facultative (p.e. *assez_aimable*), bien que cette construction remplisse quatre conditions (sauf (e)).

Si l'emploi de la liaison obligatoire à l'intérieur des syntagmes nominaux, adjectivaux et prépositionnels est caractérisé par une assez grande régularité, la distribution de la liaison à l'intérieur des syntagmes verbaux montre une grande variation. Illustrons d'abord la notion de syntagme verbal:

Tableau 4

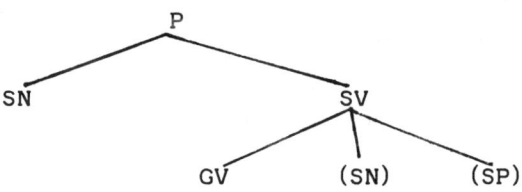

(a)   Pierre *a chanté* (*GV*)
(b)   Pierre *achètera* (*GV*) *ce livre* (*SN*)
(c)   Pierre *donna* (*GV*) *un livre de Sartre* (*SN*) *à son ami* (*SP*).

Un syntagme verbal est toujours constitué d'un *groupe verbal* (GV) et, facultativement, d'un syntagme nominal (SN) (= complément direct) ou d'un syntagme prépositionnel (SP) (= complément indirect).

---

[1] Par cette formule 'tautologique' nous voulons indiquer qu'il ne reste, dans ces contextes, plus de choix pour les locuteurs. On pourrait même parler d'une "servitude grammaticale" pareille à celle qui fait qu'on emploie **automatiquement** le subjonctif après **il faut que** ...".

Comme l'emploi de la liaison dans les SN et les SP est identique à l'intérieur et à l'extérieur d'un SV, il nous reste à répondre à trois questions:

- La liaison est-elle obligatoire à l'intérieur des groupes verbaux (GV)?
- Comment les consonnes finales des GV, des SN et des SP à l'intérieur d'un syntagme verbal SV se comportent-elles?
- Y a-t-il liaison entre les grandes catégories de phrases SN et SV?

Notons d'abord que la liaison est interdite entre les SN et les SV:

(8) *Paris // est une belle ville; les enfants // ont acheté des fleurs …*

Mais si les SN en position de sujet de phrase sont remplacés par des *pronoms* la liaison est absolument obligatoire:

(9a) *ils‿ont acheté ce livre; on‿y en trouve; elles‿étaient là; vous‿êtes …*

(9b) *ne vient-il pas? courent-ils? dit-il? ne vont-ils pas arriver? dort-il? …*

Nous expliquons cet emploi de la liaison par le fait que les conditions (a-e) sont remplies sauf la condition (c).[1] Comme (9a) et (9b) sont les seuls cas où la liaison est absolument obligatoire, nous pouvons formuler la deuxième règle de liaison:

L2 Entre les SN en position de sujet de phrase et les SV la liaison est interdite; si ces SN sont des pronoms (*en* et *y* inclus), elle est obligatoire et dans les phrases normales et dans l'inversion.

Donnons quelques exemples pour montrer que les proformes *y* et *en* sont toujours "soutenues" par une consonne d'enchaînement ou de liaison:

(10a) *allez-y; vous‿y êtes; allez-vous-en; vais‿y aller; allons-nous-en …*

(10b) *j'en‿ai assez; je n'en‿achète aucun; elles‿en‿ont trois ….*

---

[1] Entre le SN "ils" et le SV "sont venus" dans "Ils sont venus" il n'y a pas de rapport grammatical étroit, mais une parenté grammaticale parce que les deux "catégories-soeurs" sont dominées par P. Comme il n'y a donc pas de rapport de détermination entre SN et SV, la condition (e) ne s'applique pas dans ce cas.

Citons, enfin, quelques exemples où il y a pas de choix parce que, dans ces groupes figés, il faut toujours faire la liaison (i) ou ne jamais la faire (ii):

(i) *bout‿à bout, un pied à terre, tout‿à coup, petit‿à petit, nuit‿et jour,*

     le pot‿aux roses, de plus‿en plus, de temps‿à autre, de mieux‿en mieux ...

(ii) *nez à nez, salles à manger pot à tabac, chaud et froid, bon à rien ...*[1]

11.2 Les liaisons marquées ou facultatives

Evidemment, les liaisons facultatives que nous allons aborder dans ce paragraphe n'ont pas le même degré de probabilité. Il y a des liaisons qui sont "presque obligatoires" et il y en a d'autres qui sont ... "presque interdites". Commençons dans cette échelle de probabilité par les liaisons presque obligatoires à l'intérieur des groupes verbaux.

Notons d'abord que la classe des groupes verbaux (GV) contient *et* toutes les formes conjuguées des verbes *et* des constructions avec l'auxiliaire *être* comme par exemple:

(11)   *Pierre est‿* $\left\{ \begin{array}{l} \textit{ingénieur (SN)} \\ \textit{aimable (A)} \\ \textit{à Paris (SP)} \end{array} \right\}$

Si l'immense majorité des locuteurs français lie le /t/ de *est* aux mots suivants,[2] la variation est plus grande pour les autres formes des auxiliaires *être* et *avoir*. Etant donné qu'il y a une nette tendance à faire la liaison dans le cas de *être*, nous dirons que la liaison est presque obligatoire dans ce cas tandis qu'elle est plutôt facultative avec les formes de *avoir* (cf. p.e. "*Ils ont / une maison*" et "*ils*

---

[1] Notons que "corps / à corps, fers / à repasser, du nord / au sud de part / à part, à tort / et à travers" cités dans Léon (1978): 127 ne constituent pas d'exceptions parce qu'il y une 'règle mineure' qui bloque la liaison des consonnes précédées d'un r (-rC(C)). Voir aussi "un court / instant" où il n'y a pas non plus de liaison. Il existe une seule exception à cette règle: on fait la liaison dans l'inversion avant les pronoms personnels: "dort‿elle? sort‿il?" où il faut prononcer le t bien qu'il suive un r.

[2] Cf. Klein (1973): 169; pour Delattre (1966): 45 et Léon (1978): 129 cette liaison est facultative; Fouché (1956): 460 accepte la liaison entre "c'est" et un nom propre: "C'est‿André".

ont⌣une maison"). Par contre, entre les auxiliaires et les semi-auxiliaires (*devoir, pouvoir, aller ...*) et l'infinitif ou le participe passé la liaison est très répandue:

(12) *Je vais⌣aller au cinéma; il doit⌣aller là-bas; ils le font⌣écrire ...*

   vous avez⌣écouté; nous l'avons⌣appris; ils m'ont⌣envoyé une lettre ...

Cet emploi de la liaison est aussi très répandu pour les adverbes:

(13) *il l'a bien⌣observé; je n'ai rien⌣entendu; il a bien⌣appris ...*[1]

Malgré une assez grande variation il nous semble justifié de formuler la règle suivante:

Lf   Il n'est pas anormal de faire, dans les groupes verbaux, la liaison entre les (semi-)auxiliaires ou adverbes et les verbes.[2]

Est-ce qu'on lie, à l'intérieur des syntagmes verbaux, les consonnes finales des GV, des SN ou des SP aux mots qui suivent? Pour le français courant, la réponse est nettement négative:[3]

(14) *Jean habitait / à la campagne; il disait / une prière; ils parlent / avec lui ...*

(15) *il veut aller / aux environs de Paris; je voudrais aller / en Italie ...*

(16) *ce qu'ils déclarent / à la police; ils les rappellent / à l'ordre ...*

(17) *ils écrivent / à l'insu du sergent; ils réfléchissent / avant de répondre ...*[4]

---

[1] La liaison est facultative et ne se produit que très rarement dans le cas des adverbes polysyllabiques (comme dans les syntagmes nominaux). On ne fera donc pas de liaison dans "il m'a attentivement observée".

[2] Nous ne notons pas ici explicitement la condition nécessaire qui est que toute liaison se produit seulement à l'intérieur d'un groupe rythmique. Si l'on forme p.e. deux groupes rythmiques comme "(Il ne m'a rien)(apporté)" avec une forte accentuation de "rien", il n'y a donc pas de liaison.

[3] C'est aussi valable pour les syntagmes circonstanciels où la liaison ne se produit pas, p.e.: "Il finit / en automne".

[4] Les phrases dans (16) et (17) sont tirées de l'étude de Morin/Kaye (1982): 328 sq.. Les tests de Morin/Kaye montrent que les locuteurs ne font de liaison dans ces cas que dans un style recherché ("formal reading"). Dans le même article ces auteurs croient pouvoir réfuter la thèse de Selkirk (1974) qui affirme que la liaison ne se produit qu'à l'intérieur des groupes rythmiques en citant des exemples comme "quelques ... z-années plus tôt", "c'était-t ... à l'occasion" ou "du bleu est-t ... injecté". Soulignons qu'une pause n'indique pas nécessairement la fin d'un groupe rythmique (qui est, rappelons-le, une unité complexe syntaxique, sémantique et phonétique), une pause à l'intérieur d'un groupe rythmique est donc tout à fait possible (si le locuteur hésite, s'il veut marquer un élément etc.). Selon nous, les liaisons citées par Marin/Kaye se produisent donc **à l'intérieur** des groupes rythmiques.

Les liaisons dans ces cas sont très rares et ne s'entendent que dans un style très recherché ou poétique.[1] Mais, dans tous ces exemples la liaison est possible, si plusieurs conditions nécessaires (a-e) sont remplies. Pour augmenter le nombre de conditions remplies il suffit de former un seul groupe rythmique – dans ce cas, et seulement dans ce cas, on peut faire une liaison dans les phrases (14)-(17). Résumons ces observations dans la règle suivante:

Le   Entre les grandes catégories syntaxiques – SN, GV, SP, SC – la liaison est, en règle générale, exclue; elle est possible si plusieurs conditions (dont l'unité d'un groupe rythmique) sont réalisées.

Comme l'emploi des liaisons facultatives est aussi un phénomène stylistique la probabilité des liaisons facultatives augmente nettement dans les discours recherchés ou poétiques: il y a même la corrélation suivante: plus le style est élevé, plus les liaisons facultatives sont nombreuses. Mais cette probabilité augmente aussi si la liaison sert à préciser le sens d'un énoncé comme dans:

(18) *des maisons‿à vendre; les effets‿immédiats; des thèses‿incroyables ...*
Abordons, pour terminer ce paragraphe, quelques problèmes mineurs.
S'il y a liaison dans les cas (19a) mais non pas dans les cas (19b):

(19a) *sans‿y penser; quand‿il viendra ...*

(19b) *comment / arrive-t-il? quand / est-il venu?*

c'est parce que les exemples (19a) forment un seul groupe rythmique et une unité de sens tandis qu'en (19b) il y a toujours deux groupes rythmiques (exprimant deux sens bien différents) entre lesquels il n'y a jamais de liaison.

Il y a un petit nombre de liaisons qui produisent quelques effets phonétiques. Ainsi, le e dans des mots comme *premier* ou *léger* s'ouvre sous l'effet de la liaison, on a donc [prəmjɛrakt] pour *premier acte* et [leʒɛrɑ̃nɥi] pour *léger ennui*. Ensuite, les voyelles nasales perdent dans la plupart des cas leur nasalité: *certain âge* se prononce donc

---

[1] Il n'est pas étonnant que la liaison se fasse assez souvent dans les verbes composés comme p.e. "Il fait‿appel à mon indulgence" puisque "faire" et "appel" forment une sorte d'unité sémantique et grammaticale.

[sertena:ʒ].¹ Enfin, le [d] et le [g] perdent dans la liaison leur sono-
rité, il faut donc prononcer [grãtɔm] pour *grand homme* et [lɔ̃kete]
pour *long été*.

Faire ou ne pas faire une liaison facultative, répétons-le, est en acte
de distinction sociale. Cependant, *réussir effectivement* à se distinguer
des autres est difficile et souvent délicat. Comment éviter que les autres ne nous perçoivent comme *maladroit, gauche, artificiel* ou même
ridicule? Mais si l'on réussit à faire ce qu'il faut faire pour être "distingué" et si on appartient à cette couche sociale qui parle la "langue légitime"²   tout acte de (non-)liaison sera senti comme un acte
réussi, voire comme un 'enrichissement' de la langue ...

11.3 Le h-aspiré et la consonne-w

Nous avons déjà vu que la liaison est interdite entre les SN en
position de sujet et les SV. Ajoutons trois autres cas:

(1) *un / héros; des / haches, des / harpes, un grand / hall³ ...*

(2) *un / whisky; le / western; un / watt ... (vs. un‿oiseau)*

(3) *les numéros / un; tous les / onze jours ...*

La liaison est donc interdite devant *h-aspiré* (1), devant *consonne-w*
(2) et devant les *nombres cardinaux* commençant par une voyelle (3).

On a aussi appelé le h-aspiré *h-consonne* parce que les mots avec
h-aspiré se comportent comme s'ils avaient une consonne à l'initiale.
Beaucoup d'auteurs parlent même d'un *phonème zéro*⁴ parce qu'on
peut relever des paires minimales comme *les Huns / les uns, l'eau / le
haut, l'être / le hêtre, les zéros / les héros.* Le h-aspiré empêche,
en outre, l'élision et la liaison – comme toute autre consonne réalisée

---

1 Voici une liste des adjectifs qui "dénasalisent" dans la liaison: "ancien, bon, certain, moyen, plein, sien, tien, vain, vilain ... divin"; pour "mon, son, ton" la
   "dénasalisation" se produit assez fréquemment (cf. chapitre 2, surtout 20 sq.).

2 Voir à ce sujet Bourdieu (1982): 23 sq. et Encrevé (1983).

3 Les h-aspirés sont en règle générale d'origine germanique (allemand, anglais,
   suédois ...). Il faut noter une irrégularité: le "héros" a un h-aspiré, mais non pas
   "l'héroïne" ou "l'héroïsme".

4 Voir p.e. Klein (1973): 212 sq.; cf. le compte rendu de Felixberger (1976): 123 sq. sur
   cette conception.

phonétiquement. Ce point de vue est, selon nous, logique et cohérent dans une théorie formaliste et structuraliste de phonologie. Mais on peut aussi défendre une position "phonétique" d'après laquelle ce h-consonne n'existe pas en français puisqu'il n'est pas prononcé (voir p.e. Rothe (1972): 84 sq.). Si on prend cette dernière position, on est, bien sûr, obligé d'ajouter qu'il y a en français deux classes de mots complé- mentaires commençant par une voyelle ou une glide: ceux qui permettent la liaison (comme *hôtel, ami, oiseau, oncle*) et ceux qui l'empêchent (comme *haut, hall, hareng*). Mais cette dernière prise de position a un inconvénient majeur: elle ne permet plus la description simple et cohérente de la liaison (ou de l'élision) - puisqu'on doit, dans la description phonologique, énumérer les mots qui (ne) permet- tent (pas) la liaison.

Quelle solution est la meilleure? Soulignons d'abord que nous posons pour des raisons théoriques *et* pratiques qu'il y a en français un *h-aspiré* qui se comporte *presque comme s'il était une consonne* effec- tivement prononcée. Mais il ne l'est pas. D'où le problème du h-aspiré. Expliquons-nous. Le h-aspiré est, phonologiquement, une en- tité comme une consonne, mais, phonétiquement, les mots où il appa- raît ont l'apparence de mots à l'initiale vocalique. Ce caractère ambi- gu du h-aspiré explique que beaucoup de locuteurs du français se trouvent dans un *conflit permanent*: faut-il traiter les mots avec h-aspiré comme des mots avec consonne ou, au contraire, avec voyelle à l'initiale? Illustrons d'abors la deuxième tendance par quelques exemples (V1-V2) et, ensuite, la première tendance par (C1-C3):

(V1) Dans les conversations quotidiennes, mais aussi dans les débats radiophoniques ou télévisés, il n`est pas rare d'entendre de "fausses liaisons" avec le h-aspiré comme p.e.:
un gros‿handicap; moins‿hardi; il est‿hors jeu; à tout‿hasard ...

(V2) Dans la liaison il y a, en règle générale, enchaînement avec le mot suivant: *cinq amis* -> [sɛ̆kami]; il existe aussi quelques mots avec h-aspiré qui peuvent s'enchaîner aux mots suivants: *cinq Hollandais* -> [sɛ̆kɔlɑ̃dε]; *une hauteur* -> [ynotœ :r].

(C1) Si la réalisation du schwa dans *il faut l(e) visser* ou *dans l(e) bas* est facultative, le schwa devant h-aspiré se prononce tou- jours: *il faut le hisser* ou *dans le haut*. Devant voyelle il y a toujours élision et enchaînement: *une amie* -> [ynami].

(C2) Dans la plupart des cas, l'enchaînement ne se produit pas devant h-aspiré (c'est la tendance contraire à celle constatée dans (V2)): *cinq héros* -> [sɛ̃k/ero]; *deux haches* -> [dø/aʃ].

(C3) Dans *un arb(re) pourri* ou *une tab(le) pourrie* on peut prononcer *-re* et *-le*: [arbrəpuri] et [tabləpuri] ou ne pas les prononcer: [arbpuri] et [tabpuri]; devant voyelle on prononce en général le r et élide le schwa - *votre ami* [vɔtrami] - mais on peut aussi l'entendre sans r [vɔtami], mais on ne le prononcera jamais avec le schwa *[vɔtrəami]. Devant des mots avec h-aspiré on peut, cependant, entendre ces trois prononciations: p.e. *l'autre hameau* -> [lotramo], [lotamo], [lotrəamo].

(C4) Les syllabes initiales des mots avec h-aspiré se réalisent souvent avec h-aspiré: *il hache la viande* -> [ilˀaʃlavjɑ̃:d]; *sept héros* - [setˀero].[1]

Tranel (1981): 295-314 cite les mêmes exemples pour rejeter la conception du h-aspiré comme *consonne latente*. Bien que nous soyons, avec Tranel, convaincus qu'il faut traiter le h-aspiré à part (parce qu'il montre un certain nombre de particularités), nous devons interpréter les tendances (C1)-(C4) plutôt comme des phénomènes *favorables* à la conception du h-aspiré comme consonne latente ayant un impact certain sur les prononciations des segments qui l'entourent.

Le cas de la consonne-w est beaucoup plus simple. Comparons:

(4a) *un‿oiseau; trois‿oies; il est‿oiseux ...*

(4b) *les / waters; un / whisky; six / watts ...*

Ces données s'expliquent facilement: les [w] dans la série (4a) sont dérivés d'une voyelle tandis que les [w] dans la série (4b) ont pour base une *consonne latente - ce qui est reflété par l'orthographe!*[2]

11.4 Liaison, élision, enchaînement

Toute liaison et toute élision est toujours liée à un enchaînement de la dernière consonne prononcée au mot suivant. "La consonne finale

---

[1] Le signe "ˀ" symbolise le coup de glotte. Ce coup de glotte est aussi possible devant des mots à l'initiale vocalique: "le verbe acheter" se prononce [ləverbˀaʃte].
Dans des contextes de ce type, le coup de glotte a nettement une fonction **contrastive** tandis qu'il se produit, dans le cas des mots avec h-aspiré, dans une prononciation normale.

[2] Sur le comportement des chiffres cf. le premier chapitre.

du premier mot se soude à la voyelle initiale du second mot pour former syllabe avec elle" (Fouché (1969): 434).

Il y a donc enchaînement du **l** et du **t** à la syllabe initiale du mot suivant dans ces deux exemples-ci:

(1) *petit ami* [pətitami]; *grand oiseau* [grɑ̃twazo] (liaison)

(2) *admirable ami* [admirablami] (élision)

Mais, l'enchaînement est, en français, un phénomène beaucoup plus vaste puisque toute consonne finale s'enchaîne, à l'intérieur d'un groupe rythmique, au mot qui suit:

(3) *cher ami* [ʃɛrami]; *un fils aimable* [fisɛmabl].

S'il y a élision d'une voyelle (=1) ou liaison d'une consonne (=2), il y a donc toujours enchaînement, l'inverse n'étant pas vrai puisque les enchaînements dans (3) ne représentent ni liaison ni élision.

L'enchaînement des mots à l'intérieur des groupes rythmiques - c'est un des traits les plus caractéristiques du français. Mais cet enchaînement pose le problème des *frontières* des mots ou des syllabes. Est-ce que [bɔnami] consiste de trois morphèmes /bɔ/+/n/+/ami/ ou de deux morphèmes: /bɔn/+/ami/ ou /bo/+/nami/? On le sait, les enfants de langue française ont souvent tendance à 'coller' la consonne de liaison au mot suivant: *le Néléphant, le Nours, les Zamis ...*

On peut trouver ce phénomène d'agglutination dans plusieurs mots français comme p.e.:

(4) *la dinde* <- poule d'Inde; *le lierre* <- l'ierre <- lat. hedera

Et, cette agglutination de la consonne de liaison des déterminants ou du déterminant est même caractéristique pour le créole:[1]

(5) *zo* (les os), *zèb* (les herbes), *zwazo* (les oiseaux), *zétoual* (les étoiles), *zorèy* (les oreilles), *nonm* (un homme) ...

(5b) *légliz* (l'église), *lalin* (la lune), *lékòl* (l'école), *difé* (du feu) ...

Nous expliquons ces données par le fait que le créole a été une langue *parlée*, les tendances du français parlé ont donc pu se développer sans se heurter à l'orthographe et à la norme. Par contre, le français parlé était et est toujours sous l'influence de l'orthographe et la norme. C'est la raison pour laquelle la nette tendance du français parlé à effacer les frontières entre mots et syllabes est et sera toujours cor-

---

[1] Cf. Valdmann (1978): 180 sq. et Stein (1984): 38 sq..

rigée: c'est au plus tard à l'école que *le néléphant* des enfants français (re-)deviendra *un éléphant* ...[1]

Rappelons que *parler* est toujours un moyen de distinction sociale. Rien d'étonnant donc, que beaucoup d'hommes politiques qui s'adressent au public à la radio ou à la télévision ne respectent plus la règle quasi-universelle qui prévoit que chaque liaison est toujours accompagnée d'un enchaînement en faisant des *liaisons sans enchaînement* comme p.e.:

(6) *j'avais un rêve* [ʒavɛz ʔɛ̃reːv].

(7) *qui sont en vérité les siens* [kisɔ̃tʰ ʔɑ̃verite ...].

Au lieu de ce coup de glotte on entend parfois un schwa et la dernière consonne avant le coup de glotte se voit souvent aspirée - [tʰ] dans (7). Cette liaison sans enchaînement est "un phénomène limité aux locuteurs légitimes" (Encrevé (1983): 63) et s'entend surtout à la radio et à la télévision où les locuteurs doivent, en principe, *se distinguer*.

---

[1] Nous ne pouvons donc nullement partager l'opinion de Klausenburger (1984): 35 qui distingue trois mots (allomorphèmes) différents pour "ami": "tami" (dans "grand ami"), "zami" (dans "les amis) et "nami" (dans "un ami"). Voir aussi la critique du livre de Klausenburger dans Blanche-Benveniste (1986).

LIAISON: QUESTIONS

1. Faites une liste des liaisons interdites selon Fouché (1956), De-lattre (1966) et Léon (1978). Décrivez les différences dans les deux traités concernant ce sujet.

2. Nous avons constaté que la majorité des mots français avec h-aspiré provient d'une langue germanique. Consultez des traités de phonologie historique pour expliquer les causes de ce phénomène.

3. Distinguez, en vous servant d'autres exemples, la liaison, l'élision et l'enchaînement.

4. Nous avons vu que la liaison se fait pour les adjectifs antéposés *"grand, lent"* et non pas pour *"court, fort, lourd"*. Mais tous ces mots confirment la règle de suppression des consonnes finales développée dans le dernier chapitre. Essayez de formuler une (ou plusieurs) règle(s) qui prévoi(en)t le comportement de *"court, fort, lourd"* devant un nom avec une initiale vocalique.

5. *Comparez les structures morphophonologiques du français et du créole concernant la liaison et l'agglutination. Quelles sont les différences les plus fondamentales entre ces deux langues? (Référez-vous à Valdmann (1978) et à Stein (1984) ou à toute autre étude du réole)

6. *Résumez la discussion scientifique portant sur le problème du *h-aspiré* consonne latente en consultant les études de Felixberger (1976) et de Klausenburger (1984).

LIAISON: EXERCICES

1) Donnez la structure des phrases suivantes en les représentant sous forme d'arbre:
   a) Les étudiants sont attendus chez leurs amis.
   b) Deux autres oiseaux ont été achetés aujourd'hui.

c) Quelques uns avaient envie de partir en Italie.

d) Tout autre homme aurait approuvé.

e) Nos anciennes assemblées voulaient-elles aussi cela?

2) Mettez les syntagmes suivants dans un des deux cadres syntaxiques I et II: *trois‿ananas, la plupart des‿enfants, ont‿écrit, est très‿heureux, cinq aimables‿amies, un long‿hiver, êtes‿habitués.*

I	II
tes enfants	ont acheté
quelques amis	est à Paris
un grand effort	sommes arrivés

3) Analysez les cadres syntaxiques III et IV et placez les phrases suivantes dans le cadre approprié: *Allez-vous‿en! Ils‿ambitionnent. Tiendra-t-il le coup? N'avaient-ils pas raison? En nous‿arrêtant. J'en‿attends.*

III	IV
ils étudient	ont-ils été?
elles ont parlé	pourront-elles?
nous écrirons	va-t-elle?
prends-en	

4) Lisez et transcrivez les groupes figés suivants:
mot à mot; le pot aux roses; d'un bout à l'autre; nuit et jour; de mieux en mieux; de moins en moins.

5) Dégagez dans les exemples suivants les cas d'enchaînement, d'élision et de liaison: *cher ange; dans un costume orange et bleu; ne vous en faites pas; elles allèrent voir à l'intérieur; quel est l'auteur; mon bon ami; elle avait hâte; par où commencer; des héros intouchables; il était une fois à Arles; tu vas aussi aller à la poste; nous étions en train de penser à toi.*

Transcrivez les exemples donnés.

6) Justifiez dans l'extrait suivant les liaisons indiquées:

"On est plus‿ou moins sensible au malheur des‿autres. Mon‿ami Renaud le fut de tout temps à l'extrême. C'est pourquoi je l'aime, s'il arrive souvent que je le comprends mal.

(...) Quand‿il est entré, long et mince, avec cet‿air qu'il avait, à la fois surpris et attentif, dans la classe du père Clopart" (Vercors, "Le silence de la mer").

7) Expliquez la prononciation des phrases suivantes:
   a) Elle rentre à des‿heures indues.
      Elle rentre à des une heure du matin.
   b) Quand‿il te disait cela, il le pensait.
      Quand / ira-t-il en Israël?

8) Retrouvez les graphies des mots suivants: [ilɑ̃:tr], [ləpretaporte], [ɛ̃grɑ̃tartist], [dəparejzerœ:r], [dɑ̃zɛ̃mwa], [setetonɑ̃], [ɛ̃sertena:ʒ], [kɑ̃tilplø], [divinɑ̃fɑ̃], [deariko], [pətiero], [pətizero], [dəmjøzɑ̃mjø], [tutomwɛ̃].

9) Dans les mots suivants, déterminez la valeur du h (h-aspiré ou pas):

honnête, hâte, hausse, homme, honte, hôtesse, hôpital, héros, haleine, hameçon, Hollande, huissier, héroïne, haine, hauteur, haricot.

10) Distinguez les liaisons obligatoires des liaisons interdites:

allez-vous en; j'en ai pris trois; le Tiers Etat; tout à fait; mort ou vif; un long instant; un court instant; l'enfant arrive; sous entendu; du riz au lait; il était une fois; d'un bout à l'autre; il dort encore; un chaud et froid; sous-officier; un corps à corps; tout homme comprendra; sont-ils arrivés? dort-il?

Chapitre 12

L'ORTHOGRAPHE FRANÇAISE

12.0   L'orthographe française est-elle une source d'information?

Depuis le *Cours de linguistique générale* de Ferdinand de Saussure l'utilité des orthographes historiques pour l'analyse phonologique est complètement niée. *Ne pas utiliser* les informations de l'écriture est même devenu un principe méthodologique (ou, si l'on veut un *credo*) de la linguistique structuraliste moderne. Pour Saussure toute écriture est nécessairement un système *secondaire* qui représente le système *primaire* d'une langue, c'est-à-dire le système *phonologique*: "la langue est indépendante de l'écriture" (De Saussure (1916): 45). L'oral est pour de Saussure le *naturel* tandis que l'écrit est *l'artificiel*, il est même dangereux pour une bonne analyse d'une langue:

> (...) le mot écrit se mêle si intimement au mot parlé dont il est l'image qu'il finit par usurper le rôle principal (ib.).

Saussure parle même d'une *tyrannie de la lettre*:

> Mais la tyrannie de la lettre va plus loin encore: à force de s'imposer à la masse, elle influe sur la langue et la modifie (...). Alors l'image visuelle arrive à créer des prononciations vicieuses; c'est là vraiment un fait pathologique. Cela se voit souvent en français. Ainsi pour le nom de famille Lefèvre (du latin faber), il y avait deux graphies, l'une populaire et simple, Lefèvre, l'autre savante et étymologique, Lefebvre. Grâce à la confusion de v et u dans l'ancienne écriture, Lefèbvre a été lu Lefébure, avec un b qui n'a jamais existé réellement dans le mot, et un u provenant d'une équivoque. Or maintenant cette forme est réellement prononcée (53/4).

Appelons *credo du structuralisme pur* la prise de position qui met en question toute utilité des informations de l'écriture.

Nous ne nions certainement pas le fait que toute écriture historique montre un certain nombre (plus ou moins grand) d'incohérences ou d'irrégularités. Mais en tirer, de ce fait, la conclusion que *toute* orthographe est artificielle et inutilisable pour une analyse adéquate de l'oral nous semble être largement exagéré et injustifié. Il ne faut pas oublier que toutes les orthographes des langues nationales modernes sont le résultat d'une longue réflexion commune et complexe, souvent très controversée, sur les structures de la communication orale, ce qui explique que les orthographes alphabétiques arrivent effectivement, malgré leurs incohérences, à exprimer un très grand nombre de régularités structurelles phonétiques d'une langue.

C'est la raison pour laquelle nous ne partageons pas le credo du structuralisme pur, nous plaidons - comme la *phonologie générative* - pour une utilisation réfléchie des indications analytiques inhérentes à chaque orthographe. Aussi avons-nous utilisé les indications systématiques de l'orthographe française dans notre description des chiffres au 1er chapitre, des nasales au 2e chapitre, des consonnes finales au 10e et de la liaison au 11e chapitre. Mais, pour mieux cerner l'apport de l'orthographe française pour une analyse de la langue orale, il nous faut analyser, dans leurs grandes lignes, quelques propriétés de cette écriture.

12.1 Types de graphèmes: phonogrammes, morphogrammes, logogrammes et pragmagrammes[1]

Au chapitre 3, nous avons souligné que toute orthographe représente une sorte de synthèse entre écriture *phonétique* et *étymologique*. Ainsi, en français, les graphies du phonème [k] comme *c, cc, qu, cqu, ch, k ou ck* (*bec, accabler, qui, acquitter, technique, kilo, ticket*) s'expliquent uniquement par des raisons étymologiques. Au contraire, une "orthographe phonétique" comme le système de transcription de l'A.P.I. ne porte plus de trace de l'origine des mots.

---

[1] Pour la compréhension de ce qui suit il est important de réaliser que nous changerons, dans ce chapitre, le point de vue de notre analyse puisque nous essayerons d'expliquer quelques caractéristiques de l'écrit (et non plus de l'oral).

Cependant, si le système de l'A.P.I. ne sert qu'à transcrire les phonèmes d'une langue, une orthographe *historique* comme l'orthographe française, allemande ou anglaise contient, en plus de la représentation des phonèmes, un certain nombre d'informations grammaticales et même pragmatiques. Pour pouvoir analyser ces informations d'ordre différent, distinguons d'abord avec A. Martinet (1960) deux niveaux d'*articulation*:

- 1ère articulation en *monèmes*

- 2e articulation en *phonèmes*.

Tout message oral s'articule en unités distinctives de son, les *phonèmes*, la combinaison de ces phonèmes étant la base matérielle des unités significatives de la première articulation, les *monèmes*. Les phonèmes n'ont pas de sens, ils ne servent qu'à distinguer le sens des monèmes ou des mots, les monèmes, au contraire, ont une forme et un contenu, ils sont donc des unités à deux faces: la face du *signifiant* et celle du *signifié*. Ainsi, les phonèmes /f/, /a/ ou /m/ ne véhiculent aucune signification tandis que leur combinaison en /fam/ forme un monème qui signifie quelque chose.

On peut distinguer plusieurs classes de monèmes: les radicaux (de mot), les flexions verbales, les désinences, les affixes, les mots-outils, les démonstratifs etc.. Ainsi, *reviendra* s'analyse en quatre monèmes: *re-viend-r-a*, *j'allais* en trois monèmes: *j-all-ais* et *l'arrivée* en trois monèmes: *l-arriv-ée*. En nous appuyant sur ces distinctions nous pouvons d'abord, avec Catach (1983: 23 sq.), différencier trois types d'informations exprimés par l'orthographe:

- *les phonogrammes,*
- *les morphogrammes et*
- *les logogrammes.*

Les *phonogrammes* sont les graphèmes qui ne représentent que des phonèmes. Ainsi, le phonème /ɛ̃/ peut être représenté par les phonogrammes suivants:

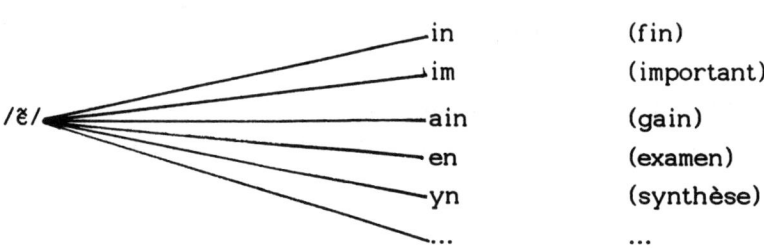

phonème	phonogrammes	
	in	(fin)
	im	(important)
/ɛ̃/	ain	(gain)
	en	(examen)
	yn	(synthèse)
	...	...

Si, au contraire, un ou plusieurs graphèmes donnent des informations sur la structure morphologique des mots, on dira qu'il s'agit d'un *morphogramme*. Donnons quelques exemples de morphogrammes:

Exemple		**Commentaire**
1) *Il est assis* [iletasi]	:	le *blanc* entre *il* et *est* ainsi qu'entre *est* et *assis* est un morphogramme vide, mais bel et bien visible; il sert à délimiter des monèmes
2) *Allemand / allemand* *Réunion / la réunion* *la réforme / la Réforme* *Pierre, Dupont, Marie*	:	ces majuscules sont des morphogrammes servant ou à marquer le début d'une phrase ou à différencier les mots communs des mots propres
3) *joli / jolie* *cadet / cadette* *petit / petite* *familier / familière*	:	dans ces paires[1] le morphogramme **e** à la fin indique toujours la forme féminine de l'adjectif et les consonnes fi-

---

[1] Le e-final n'indique pas toujours la forme féminine. Dans beaucoup de cas le masculin se termine aussi par un e: rouge, brave, triste, riche, énorme, magnifique ... De même, la présence d'une consonne à la fin d'un adjectif masculin n'implique pas que cette consonne ne se prononce qu'en cas de liaison puisqu'il y a des couples comme net/nette, amical/amicale, antérieur/antérieure, cruel/cruelle, direct/directe etc. où la consonne finale se prononce toujours.

bon/bonne

nales des formes masculines indiquent qu'elles appartiennent au radical de ce mot; c'est la raison pour laquelle ces consonnes sont audibles dans la liaison

4) *les grandes maisons*
    aux environs de
    les beaux chevaux

:   les **s** et les **x** finals sont dans ces exemples des morphogrammes indiquant le pluriel

5) *tu chantes, tu pars*
    il finit, il part
    ils partent, ils donnent
    donner, laisser

:   le morphogramme **s** indique dans ces exemples de flexion verbale la 2ème personne du singulier, le **t** la troisième personne du singulier, le **(e)nt** la troisième personne du pluriel et le **r** l'infinitif etc.

6) *fatigant/fatiguant*
    différant/différent
    négligeant/négligent
    précédant/précédent
    provoquant/provocant

:   dans ces exemples les graphèmes en lettres grasses ont aussi une valeur morphogrammatique puisqu' ils servent à distinguer les adjectifs verbaux comme *fatigant* des participes comme *fatiguant* les deux formes ayant une signification différente

7) *apparemment, prudemment*
    [aparamã] [prydamã]

:   dans ces adverbes le **e** renvoie à la graphie et indirectement à la morphologie des adjectifs sous-jacents *apparent* et *prudent*

8) *innombrable, innover* : dans ces exemples, le morpho-
   inouïe, inodore gramme **in** permet d'identifier
   insensé, injuste chaque fois le préfixe *-in* bien
   qu'il se prononce différemment

Ces exemples montrent que les morphogrammes indiquent toujours certains aspects de la structure morphologique ou grammaticale des mots,
et c'est cette propriété qui les distingue des phonogrammes qui ne
représentent que le côté phonétique ou phonologique des mots. Quant
aux *logogrammes*, ils servent aussi, d'une part, à représenter la
structure phonétique et phonologique, mais en même temps ils permettent, d'autre part, de distinguer les mots *homophones* comme:

champ	chant	point	poing
cygne	signe	port	porc
faim	fin	pris	prix
foi	fois	saint	sain
maire	mère	sans	cent
mètre	maître	saut	sot
maux	mot	sur	sûr
mite	mythe	tente	tante
mord	mort	teint	thym
or	hors	vain	vingt
ou	où	ver	vers
pain	pin	voie	voix

Ces logogrammes sont des notations de mots ou des 'figures de mots',
"dans lesquels, à la limite, la 'graphie' ne fait qu'un avec le mot, dont
on ne peut la dissocier" (Catach (1986): 17). Certes, les logogrammes
servent, d'un point de vue synchronique et fonctionnel, à distinguer
les homonymes, mais ils indiquent, d'un point de vue diachronique et
historique, des aspects *étymologiques* des mots: ainsi p.e., *champ* est
dérivé du latin *campus* tandis que *chant* a pour origine le latin *can-
tus*. Les exemples donnés jusqu'ici pour illustrer les trois classes de
graphèmes distinguées montrent clairement que les phonogrammes indiquent des propriétés *phonétiques* tandis que les morphogrammes ex-
plicitent plutôt des propriétés *morphologiques ou grammaticales*; enfin,

les logogrammes reflètent en dernière instance des propriétés *étymologiques* des mots.

Ajoutons à ces trois classes de graphèmes les signes *graphiques* comme:

(i)   le trait d'union et l'apostrophe,

(ii) le point, le point d'interrogation et le point d'exclamation,

(iii) les parenthèses, les guillemets, le tiret ou tout moyen graphique pour souligner une séquence de mots (lettres grasses, italiques, soulignées etc.).

Le trait d'union et l'apostrophe ont surtout une fonction *morphologique* (ainsi, dans *porte-parole* (*Comp*) ou dans *l'oiseau* (*SN*) ces deux signes marquent à la fois la frontière entre deux monèmes et l'appartenance à une unité plus grande (mot composé, syntagme nominal)). Au contraire, les signes graphiques énumérés dans les séries (ii) ont une fonction *pragmatique* parce qu'ils expriment le type d'*énonciation* ou d'*acte linguistique* (affirmation, interrogation, ordre). C'est aussi vrai pour les signes graphiques en (iii) qui expriment l'importance relative d'une partie du discours ou le mode de réalisation d'une phrase (discours direct dans le cas des *guillemets*). Comme ces graphèmes en (ii) et en (iii) expriment en premier lieu des propriétés pragmatiques du discours, nous les appelons *pragmagrammes*.

12.2 Régularités et irrégularités

Les analyses du dernier paragraphe ont montré que toute orthographe (et surtout celle du français) indique des caractéristiques phonétiques/phonologiques, morphologiques ou grammaticales, étymologiques et pragmatiques de la communication orale. Autrement dit, l'orthographe française est un *amalgame* à la fois systématique et a-systématique où domine, cependant, la fonction représentative des sons et des phonèmes (c'est-à-dire les graphèmes à fonction phonographique dominent largement les autres types de graphèmes).

Nous avons déjà illustré le côté a-systématique en montrant qu'il y a, pour un grand nombre de phonèmes, plusieurs graphies possibles (p.e.

les phonogrammes *ein, in, ym, im* etc. pour le /ɛ̃/ ou *s, ss, sc, c* etc. pour le /s/). Mais il y aussi d'autres domaines où l'orthographe française montre une assez grande régularité. Rappelons, pour illustrer ce côté 'presque' systématique de l'orthographe française, les règles phonologiques de nasalisation analysées dans le deuxième chapitre:

$$1. \quad N1 \qquad V \rightarrow [+nas] \; / \; \_ \, N \begin{Bmatrix} \# \\ C \; [-nas] \end{Bmatrix}$$

$$2. \quad N2 \qquad N \rightarrow 0 \; / \; \_ \begin{Bmatrix} C \\ \# \; C \\ C \; \# \end{Bmatrix}$$

Si nous laissons de côté le problème de l'écriture des voyelles, nous pouvons appliquer ces règles en partant de l'orthographe actuelle du français et prévoir la prononciation de *bon* comme [bɔ̃] ou de *grand* comme [grɑ̃] dans *il est bon* ou dans *un grand garçon* etc.. Vu le nombre immense de mots écrits où ces règles fonctionnent, les exceptions à ces règles[1]

En confrontant l'orthographe actuelle à une écriture purement phonétique (qui appliquerait le principe fondamental du *structuralisme pur*) on devrait écrire grɑ̃, grɑ̃t et grɑ̃d pour les trois occurrences de *grand* dans *il est grand, un grand homme* et *grande fille*. Cette 'solution' aurait, évidemment, plusieurs inconvénients: le fait qu'il s'agisse dans les trois occurrences du *même* mot ne serait plus exprimé; le rapport avec les dérivations comme *agrandir* ou *grandeur* ne serait plus visible etc.. Si on garde l'écriture actuelle toutes ces parentés morphologiques sont non seulement *audibles*, mais aussi *visibles*.

Signalons, dans ce contexte, une autre forme d'incohérence. Nous avons constaté que les logogrammes servent à distinguer les homonymes tout en rappellant les structures étymologiques des mots. On pourrait donc aussi distinguer l'homonymie du préfixe *in* (qui signifie "non" et "dans" comme p.e. dans *incivil* vs *inclus, induit*) par des lo-

---

[1] Voir les exemples dans le deuxième chapitre p. 20 sq..

gogrammes - cette orthographe est héritée du latin qui montre déjà cette ambiguïté de *in* (la graphie actuelle est donc une graphie *étymologique*).

Mais dans le cas des paires comme *compte* vs *conte*, *dessein* vs *dessin*, *différend* vs *différent* ou *chemineau* vs *cheminot* on se trouve effectivement devant des logogrammes bien que les deux éléments de chaque paire homophonique aient, au sens large du terme, la même origine *étymologique*: lat. *computare*, lat. *designare* (et l'italien *disegno*), lat. *differre* et lat. pop. **camminus*.

Ces exemples montrent que les homonymes, en français, peuvent être distingués par des logogrammes; toute paire de logogrammes indique donc l'existence d'homonymes; la graphie des logogrammes renvoie, en règle générale, à une origine étymologique différente; ce renvoi n'est pas nécessaire puisqu'il existe des paires logographiques qui ont la même origine étymologique. Les observations de ce chapitre nous amènent aux généralisations suivantes: l'orthographe française montre une nette tendance à représenter les structures phonétiques de l'oral tout en étant contrecarrée par deux tendances - (i) différencier les homonymes en indiquant l'origine étymologique, (ii) utiliser des morphogrammes pour évoquer des aspects morphologiques et grammaticaux des mots.[1]

Comment expliquer ces tendances? La sociolinguistique moderne, mais aussi les mouvements régionalistes des deux dernières décennies ont mis, à juste titre, l'accent sur des raisons *extralinguistiques*, c'est-à-dire sur les causes sociales, politiques et historiques de l'*institution* de l'orthographe comme *norme sociale*. N'évoquons, ici, que le rôle unificateur de l'Académie française, de la Grammaire générale des 17ᵉ et 18ᵉ siècles, de la Révolution de 1789 et de l'école primaire à partir des années 1882.[2]

bien sûr, des causes *nécessaires*, mais aucunement *suffisantes* pour

---

[1] L'emploi des pragmagrammes ne pose pratiquement pas de problème et n'est donc pas controversée.

[2] Sur l'histoire extralinguistique du français cf. l'oeuvre fondamentale de Brunot (1966); sur la politique linguistique de l'Etat français cf. Calvet (1974) et Certeau (1975); sur la normalisation linguistique Settekorn (1988). Cf. aussi Désirat/Hordé (1976): 205 sq. et Walter (1988): 249 sq. pour une première introduction aux débats actuels sur l'orthographe française.

expliquer l'état actuel de l'orthographe française. Car toute activité normatrice ne peut s'appliquer qu'à l'intérieur d'une *zone* ou d'un *champ* prédéterminés par le système *intralinguistique*. Expliquons-nous. Nous avons vu, tout au long de ce livre, que le français a deux propriétés intrinsèques fondamentales:

(i) Il possède un très grand nombre d'homonymes;
(ii) la (non-)réalisation d'un grand nombre de phonèmes dépend du contexte syntagmatique où ils sont utilisés.[1]

Ces deux traits sont la raison profonde des deux tendances inverses de l'orthographe française: une tendance à représenter, d'un côté, les données phonétiques, et, de l'autre, une tendance à ne pas effacer les différences sémantiques des homonymes et à marquer les parentés morphologiques et grammaticales des mots avec des morphogrammes même s'ils ne sont pas toujours prononcés.

Or, c'est en particulier le deuxième trait qui rend illusoire tout projet d'orthographe phonétique pour le français. On pourrait, au contraire, écrire les homonymes d'une façon identique. Mais cette solution impliquerait qu'on rende l'écriture moins compréhensible puisqu'on efface-rait toute indication d'une différence sémantique entre les homonymes.

Les réflexions de ce chapitre montrent que la forme actuelle de l'orthographe française est le résultat d'un faisceau de causes intra- et extralinguistiques. Ce qui explique son caractère à la fois systé-matique et a-systématique. Bien que les activités 'extralinguistiques' de standardisation et de normalisation aient joué un rôle primordial dans l'évolution et l'institution de cette orthographe, ces activités n'ont pas abouti à un système arbitraire car l'écriture actuelle représente, malgré un grand nombre d'irrégularités et d'incohérences, les structures fondamentales du français parlé. On peut donc utiliser l'orthographe comme source précieuse pour une analyse des structures phonétiques du français sans oublier, cependant, qu'on doit vérifier chaque graphie pour voir si elle ne représente pas d'irrégularité.

Quittons le domaine de l'orthographe historique. Pour une transcription ou une représentation **phonologique** à l'intérieur d'une théorie lin-

---

[1] Voir p.e. les règles de suppression et de nasalisation expliquées dans les chapitres 1, 2, 10 et 11.

guistique il faut, bien sûr, appliquer d'autres critères d'exactitude. Comme nous ne pouvons pas, dans le cadre de ce livre, développer pour chaque mot sa meilleure forme de représentation phonologique, illustrons au moins les principes de cette représentation par trois exemples. Nous représentons les mots *sot*, *sotte*, *grand*, *grande*, *bon* et *bonne* de la façon suivante:

(1) *sot* -> /sot/;   *sotte* -> /sot+e/

(2) *grand* -> /grãd/;   *grande* -> /grãd+e/

(3) *bon* -> /bɔn/;   *bonne* -> /bɔn+e/[1]

Avec les règles de liaison ou de suppression des consonnes finales on arrive aux formes phonétiques [so] et [sɔt]; pour dériver la distribution du o-fermé et du ɔ-ouvert, il suffit de formuler une règle qui prévoit que le /o/ s'ouvre si la consonne qui suit est prononcé (dans la forme féminine et dans la liaison). Dans (2) et (3) il faut appliquer les règles de nasalisation et de suppression de la finale dans un ordre déterminé. Pourquoi avons-nous représenté la forme de base de *grand* avec une voyelle nasale et celle de *bon* sans consonne nasale? La raison en est très simple: dans le cas de *bon* il y a une alternation entre la voyelle nasale (*il est bon* -> [bõ]) et la voyelle orale (*un bon ami* -> [bɔnami]); par contre, *grand* se prononce toujours avec la voyelle nasale [ã] (dans *grande*, *grandeur*, *grandiose* etc.), il ne faut donc pas le dériver d'une voyelle orale avec une règle de nasalisation. Notons que cette représentation implique qu'aux voyelles nasales effectivement prononcées au niveau phonétique correspondent deux types de voyelles au niveau phonologique: une voyelle nasale (*grand*) ou une voyelle orale (*bon*).

L'ORTHOGRAPHE FRANÇAISE: QUESTIONS

1.   Distinguez en vous servant de l'étude de Catach (1986) d'autres types de monogrammes que ceux analysés ci-dessus.

---

[1] Le signe + signifie 'frontière de morphème'.

2. Etablissez la règle qui explique le changement du **n/m** dans les deux séries: *innocent, inexact, infini* et *immobile, imbuvable*. Pourquoi n'y a-t-il pas dans la deuxième le groupe *im+V* ?

3. Complétez la liste des logogrammes donnée dans ce chapitre en distinguant trois sous-classes: les graphies qui évoquent les origines (i) grecques (comme *satyre*), (ii) latines (comme *sept*) ou (iii) germaniques (comme *haut*).

4. Expliquez les raisons pour lesquelles on a différencié par des logogrammes les paires homonymes *compte/conte, chemineau/cheminot, dessein/dessin* et *différent/différend*. Consultez à cette fin un dictionnaire étymologique de la langue française.

5. Transcrivez en alphabet phonétique la phrase: *"Le petit garçon a donné mon livre à un bon ami"*. Essayez de formuler une représentation phonologique de base d'où on peut dériver avec quelques règles la prononciation effective. Quelles sont les différences les plus remarquables entre (a) l'orthographe, (b) la transcription phonétique et (c) la représentation phonologique?

L'ORTHOGRAPHE FRANÇAISE: EXERCICES

Dans les séries suivantes les adjectifs sont classés d'après leurs caractéristiques phonétiques:

(a) transcrivez les formes féminines et masculines des adjectifs,
(b) expliquez les critères de cette classification,
(c) comparez ce système de classification 'oral' aux normes impliquées par le système de l'orthographe française,
(d) si l'on vous proposait de réformer l'orthographe française, quels changements voudriez-vous apporter à l'écriture des adjectifs?

1a) *joli, mortel, cruel, bleu, civil, compact, public, strict, clair, antérieur, meilleur, pareil, net, fier, aigu ...*

1b) *sale, ovale , absurde, drôle, intense, sénile, solide ...*

2) *génial, glacial, principal, monumental ...*

3) *prochain, moyen, mignon, persan, divin, breton, bon, fin ...*

4) *distinct, idiot, petit, exact, coquet, soûl, suspect, gentil, blanc, frais, roux, faux ...*

5) *léger, inquiet, complet ... premier, dernier, entier ...*

6) *bref, vif, neuf, actif, pensif ... sec ...*

7) *menteur, trompeur, rieur, moqueur ... consolateur, destructeur ... vengeur, traître ...*

8) *beau, nouveau, fou, mou, vieux ...*

Chapitre 13

LE E-MUET, LE E-CADUC, LE E-INSTABLE OU LE SCHWA

13.0   Un phonème énigmatique: le schwa

'La question du [ə] muet est la plus difficile et la plus controversée de toutes celles que soulève la prononciation française' (Kammans (1960): 136). Es ist nicht unser Ziel, jede Einzelheit der äußerst komplizierten und nach Stilhöhe wechselnden "Regeln" über die Verwendung oder Nichtverwendung dieses Lautes in der chaîne parlée darzustellen. Wir wollen lediglich versuchen, den Sprachgebrauch in großen Zügen zu beschreiben und den heutigen Stand der Forschung zum 'Dreikonsonantengesetz' zu umreißen. (...) Die genaue Aussprache dieses Lautes, vor allem aber seine richtige Anwendung (d.h. Verwendung und Auslassung) innerhalb der chaîne parlée setzen sehr gute Kenntnisse des Französischen voraus. Falsche Anwendung des [ə] verrät den unkundigen Ausländer auch dann noch, wenn er grammatisch und phonematisch sonst fast keine Fehler mehr macht (Klein (1973): 90).

Klein, lui-même, ne donne que quelques règles pour la (non-)prononciation du schwa (qui sont loin d'être exhaustives) et s'occupe surtout de la *loi des trois consonnes*.[1] Etant donné que le français connaît un très grand nombre de mots ou de groupes rythmiques avec trois ou même quatre consonnes ([tɛkst] - *texte*, [padskrypyl] - *pas de scrupules*), cette loi fut, ensuite, vivement débattue. Ces discussions ont, enfin, abouti à la formulation suivante de Weinrich:[2]

---

[1] La loi des trois consonnes a été formulée pour la première fois par Grammont (1958). "Le [ə] caduc ne se prononce obligatoirement que lorsqu'il est nécessaire pour éviter la rencontre de trois consonnes. Son maintien ou sa chute dépend essentiellement de ce qui précède" (115). Selon cette loi on peut donc dire [lafnɛtr] (la fenêtre), mais non pas *[ynfnɛtr] (une fenêtre) parce qu'on aurait dans ce cas trois consonnes. Il faut souligner que Grammont lui-même a formulé quelques exceptions à cette loi.

[2] Cf. sur ce débat Rothe (1972): 80 sq. et surtout Klein (1973): 92 sq. pour lequel la formulation de Weinrich représente une "allgemeingültige Erweiterung des Drei-Konsonantengesetzes" (94).

"Es sind im Französischen Dreiergruppen möglich, sofern ihre letzten beiden Konsonanten im absoluten Anlaut oder ihre ersten beiden Konsonanten im absoluten Auslaut möglich sind" (Weinrich (1961): 15).

Cette règle étant aussi valable pour des groupes de quatre consonnes, on peut donc prononcer [tymplɛ] (*tu me plais*) ou [diskblø] (*disque bleu*) parce que la séquence **pl**- se trouve en position initiale (p.e. *plaire*) et que la séquence -**sk** se trouve en position finale (p.e. *masque*). Cette loi de Weinrich pose plusieurs problèmes: d'abord, elle ne rend pas compte des faits puisque le schwa dans *porte̲-plume* ou dans *garde̲-meuble*[1] se prononce toujours bien que la loi de Weinrich permette un effacement; ensuite, cette loi ne précise pas les conditions dans lesquelles ces groupes de consonnes sont facultatifs ou obligatoires; enfin, cette loi sous-entend que les contextes syntagmatiques immédiats du schwa ne jouent aucun rôle. Or, nous avons vu que l'influence du contexte immédiat est même un trait caractéristique du français. Il faut donc, pour une analyse exacte des schwas en français, intégrer une description des contextes immédiats, ce que nous allons faire en 13.2.

13.1 La prononciation du schwa

Bien qu'on représente en phonétique le schwa par le signe [ə], beaucoup de Français le prononcent presque comme [œ] avec un certain relâchement des muscles. Rappelons que tout phonème peut être réalisé à l'intérieur d'une certaine zone de prononciation (cf. le paragraphe 6.1). Cette zone de prononciation du schwa /ə/ englobe tout l'espace allant de la partie la plus haute de la zone de prononciation du /œ/ jusqu'à la partie la plus basse de la zone du /ø/. Cependant, dans une grande majorité des cas, la prononciation du schwa s'effectue dans la zone supérieure du /œ/.[2]

---

[1] Nous utiliserons les conventions suivantes: le schwa se prononce obligatoirement -> e; facultativement -> (e); s'il n'est pas prononcé -> ¢.

[2] Cf. aussi Klein (1973): "Die Artikulation entspricht etwa der von [œ] (...), jedoch ist die Zunge flacher, die Muskeln sind lockerer" (90). Cf. aussi Dell (1973): 196 sq.. Signalons, cependant, Martinet/Walter (1973) qui notent que le schwa se réalise diversement, comme [ə], [ø], [œ] ou "entre [ø] et [œ]" (p. 23).

Bien que le phonème /ə/ soit prononcé dans beaucoup de cas comme [œ], nous le représenterons, dans nos transcriptions 'phonétiques', toujours comme [ə] pour signaler qu'il s'agit d'un autre phonème. Car, si on transcrivait le [œ] effectivement prononcé de *genêt* comme le [œ] de *jeunet*, on effacerait toute trace du fait que l'origine de ces deux [œ] est différente: le [œ] de *genêt* vient d'un phonème /ə/, le [œ] de *jeunet* d'un phonème /œ/.[1] Ainsi, le /œ/ de *jeunet* est toujours prononcé comme [œ] tandis que le /ə/ de *genêt* peut se prononcer comme [œ] ou s'effacer dans certains contextes (*des genêts* - [deʒne]).

13.2 Les règles d'effacement de schwa

La réalisation ou la non-réalisation du schwa est fonction de plusieurs facteurs. Prenons l'exemple de *texte* où le schwa peut être pronononcé dans un contexte comme (i) mais jamais dans des contextes comme (ii) et (iii):

(i)   C'est un text(e) difficile   [tekst(ə)difisil]

(ii) C'est un text¢ intéressant   [tekstɛ̃teresɑ̃]

(iii) Je n'ai pas lu ce text¢   [tekst]

Cet exemple montre que le schwa final ne se prononce pas s'il se trouve à la fin d'un groupe rythmique (iii); à l'intérieur d'un groupe rythmique il n'est pas prononcé non plus si le mot suivant commence

---

[1] L'exemple genêt/jeunet est tiré de Dell (1973). Cette étude représente toujours la meilleure analyse théorique des structures phonétiques du français (surtout pour l'analyse du schwa). Nous allons, dans ce chapitre, reprendre un grand nombre d'exemples et d'arguments de Dell sans toujours le noter explicitement. Exprimons donc ici notre dette envers Dell.
Cf. l'étude d'Anderson (1982) qui essaie de décrire certaines propriétés du schwa en se basant sur des particularités syllabiques. Sur l'état actuel de la recherche sur le schwa cf. les études dans Verluyten (1988). Nous n'intégrerons pas ces étdudes dans notre description du schwa pour deux raisons: (1) ces études n'analysent qu'un nombre réduit d'exemples, elles n'atteignent donc pas le même degré d'exhaustivité que l'étude "classique" dans ce domaine de Dell; (2) deux articles (Tranel (1988) et Morin (1988)) ne discutent qu'un aspect secondaire du schwa, à savoir "la règle de l'ajustement du schwa en syllabe fermée"; cf. plus bas 13.3.

par une voyelle (ii), mais il peut être prononcé si ce mot a une consonne à l'initiale (i). Le comportement du schwa dépend donc de plusieurs facteurs:

(1) de son entourage phonétique (se trouve-t-il devant et/ou après une ou plusieurs consonne(s) ou voyelle(s)?);

(2) de sa position dans un groupe rythmique (se trouve-t-il en position initiale, à l'intérieur ou en position finale?);

(3) de sa position dans un mot (à l'initiale, à l'intérieur ou à la finale?).

Comme ces facteurs jouent toujours en même temps, il en résulte que la description du schwa est assez complexe. Nous essayons de réduire cette complexité en ne distinguant que trois grands types d'occurrence:

I. *Le schwa en position finale d'un mot ou d'un groupe rythmique*

II. *Le schwa à l'initiale d'un mot ou d'un groupe rythmique*

III. *Le schwa à l'intérieur d'un mot*

13.2.1 Les schwas en position finale d'un mot ou d'un groupe rythmique

Etudions d'abord le cas où le schwa se trouve à la fin d'un groupe rythmique, c'est-à-dire devant une pause. Nous constatons qu'il s'efface toujours dans cette position:

PAUSE: $\text{ə} \rightarrow \emptyset \ / \ V \ C_n \ \_ \ \S$ (§ symbolise *pause*)

(C_n signifie: une ou plusieurs consonnes)

Schwa tombe obligatoirement devant une pause lorsqu'il n'est pas l'unique voyelle d'un morphème (c'est-à-dire qu'il est en position finale de polysyllabe).

Exemples: *elle est très petit¢ / c'est le cas invers¢ / c'est une idée pervers¢ / une grande tabl¢*

Ces exemples montrent que le schwa tombe toujours devant une pause indépendamment du nombre et de la qualité phonétique des consonnes qui le précèdent.

La règle PAUSE prévoit aussi qu'il faut prononcer le schwa dans *prend-le* ou dans *sur ce* parce que le schwa est, dans ces cas, l'unique voyelle des morphèmes *le* et *ce*. Il faut donc toujours prononcer le schwa des clitiques *le, ce* etc. s'ils se trouvent à la fin d'un groupe rythmique.[1]

Comment les schwas se comportent-ils en position finale **à l'intérieur** d'un groupe rythmique?

Nous avons déjà constaté que les voyelles (donc aussi les schwas) en position finale d'un morphème tombent obligatoirement devant des morphèmes qui commencent par une voyelle (V) ou une glide (G), c'est-à-dire devant des segments non-consonantiques (cf. la règle T_2 dans 10.1). Reformulons cette règle d'élision du schwa:

ELISION: ə -> $\emptyset$ /_ # [- cons]

Un schwa final de morphème tombe obligatoirement quand le morphème suivant commence par un segment non-consonantique (voyelle ou glide).

Exemples: *la tabl¢ ovale / il parle d'un¢ autre* (homonyme de *il parle du nôtre*) / *un arbr¢ immense / la femm¢ élégante*

Mais il faut prononcer le schwa dans *fais-le attendre / rends-le à Jean / ce à quoi il faut s'attendre* parce qu'il n'y a pas de rapport grammatical étroit entre les deux morphèmes en question et que ces deux morphèmes ne se trouvent pas à l'intérieur du même groupe rythmique; il faut donc ici appliquer la règle PAUSE (cf. aussi le paragraphe 10.2).

---

[1] Font exception: qui est-c¢? et qui suis-j¢? Dell (1985): 257 considère est-c¢1 et suis-j¢ comme des mots uniques qui suivent donc la règle PAUSE.

Etudions maintenant le cas où le schwa se trouve aussi en finale de polysyllabe à l'intérieur d'un groupe rythmique, mais où il est suivi d'un morphème commençant par un segment consonantique (C).[1] Nous constatons qu'il tombe obligatoirement s'il est précédé d'une *seule* consonne (ou d'une glide)[2] tandis qu'il peut tomber facultativement s'il est précédé de *plusieurs* consonnes. Nous avons donc les deux règles suivantes:

$$\text{FINa (obl):} \quad \text{ə} \rightarrow \emptyset \ / \ V \left\{ \begin{matrix} C \\ \\ G \end{matrix} \right\} \_ \ \# \ C$$

Exemples: *une vieill¢ dame / une bell¢ fille / une petit¢ roue / grand¢ rame* (homonyme de *grand drame*)

$$\text{FINb (fac):} \quad \text{ə} \rightarrow \emptyset \ / \ V \ C \ C \ \_ \ \# \ C$$

Exemples: *il box(e) souvent / le text(e) du discours / gard(e)-barrière / port(e)-monnaie*

La dernière règle connaît quelques exceptions:

(i)   les schwas à l'intérieur des mots composés ne tombent pas lorsque la syllabe suivante porte l'accent principal:
porte̲-plume, garde̲-meuble, porte̲-glaive, porte̲-jupe.

(ii) les schwas à l'intérieur d'un groupe de mots ne tombent pas lorsque la syllabe suivante porte l'accent:
il parle̲ bás / mets ta veste̲ roúge.
Si cette condition n'est pas remplie on peut effacer le schwa: *il parl(e) plus bás / mets ta vest(e) rouge dans l'armoíre.*

---

[1] Nous utilisons, dans ce paragraphe, C au sens large, c'est-à-dire C englobe les consonnes, les nasales et les liquides. Toutes ont le trait [+ cons].

[2] Rappelons que les consonnes (C) (les liquides incluses) et les glides (G) ont le trait non-syllabique. C'est ce trait [-syll] qui empêche en dernière instance la réalisation de schwa.

La règle FINb indique que l'on a le choix de prononcer ou de ne pas prononcer le schwa à l'intérieur d'un groupe rythmique s'il est précédé de deux consonnes. Comment peut-on expliquer qu'on entend plus souvent le schwa dans *le texte du discours* que dans *porte-man-teau*?

D'après Dell (1973) il faut toujours prononcer le schwa dans le cas de *quelques* et de *presque* s'ils sont à l'intérieur d'un groupe rythmique: *quelques soupirs, presque toujours.*[1] Dell (1978) corrige cette règle en lui retirant son caractère absolu. D'après cette nouvelle étude la fréquence de la réalisation du schwa après deux consonnes dépend (a) du caractère phonétique de ces deux consonnes et (b) du rapport grammatical des mots en jeu.

(a) La prononciation du schwa après les séquences **sk, kt, lk, ks** est, selon Dell, beaucoup plus fréquente qu'après le groupe **r+C**. Ainsi, on peut expliquer qu'on ne prononce pas dans

(1) *en form¢ de poire*   [fɔrmdəpwaːr]

le schwa de *forme*, tandis qu'on réalise le schwa de *presque* dans

(2) *ils sont presque venus en même temps* [..prɛskəvny...].

(b) Mais la réalisation du schwa après deux consonnes dépend aussi du rapport grammatical entre les mots en jeu. On peut dire, avec Dell (1978) que plus le rapport grammatical est étroit, plus la fréquence de réalisation du schwa est grande. Ce critère explique le fait qu'il ne faut pas réaliser le schwa dans (3), mais, par contre, dans (4):

(3) *il souhaiterait presque # # vous rencontrer.*
(4) *ils sont presque # venus.*

Le rapport grammatical est, évidemment, beaucoup plus grand entre *presque-venus* qu'entre *presque-vous*. Nous pouvons, avec ces deux critères, expliquer et prévoir un grand nombre de (non-)réalisations

---

[1] Soulignons que si "quelques" et "presque" se trouvent à la fin d'un groupe rythmique, leur schwa s'efface obligatoirement puisqu'il faut appliquer la règle PAUSE: c'est certain, ou presqu¢ et vingt et quelqu¢s.

du schwa après deux consonnes en fin de polysyllabe à l'intérieur d'un groupe rythmique.

Quant aux mots composés, nous constatons, en plus, une nette tendance à ne pas prononcer le schwa dans les cas où le deuxième membre du mot composé contient deux syllabes; on prononcera donc plutôt *port¢-manteau* ou *gard¢-barrière*.

Signalons encore un phénomène intéressant. On peut, surtout après une liquide plus une obstruante, souvent entendre un schwa supplémentaire, si l'identification du mot risque de se perdre, p.e.:

(5) *Il s'agit d'un shortE vert* [ʃɔrtəveːr].[1]

On appelle ce /ə/ *schwa épenthétique* parce qu'il est 'ajouté à l'intérieur d'un syntagme'.

Il nous reste, enfin, à analyser le cas du schwa en finale de polysyllabe où il est immédiatement précédé d'une liquide et suivi d'une consonne comme p.e.

(6) *pauv(re) vieillard / prend(re) son temps / tab(le) de travail.*

On peut, dans ce cas, prononcer la liquide avec le schwa (Lə) ou faire tomber les deux. C'est vrai pour la plupart des cas où le schwa final est précédé d'un groupe de consonnes OL (c'est-à-dire d'une obstruante[2] plus une liquide).

Ces données nous permettent de formuler la règle d'effacement des liquides:

---

[1] Cf. Malécot (1977): 30; cf. aussi Hammarström (1972): 28 qui donne Peters+E+bourg et ours+E+blanc comme exemple pour épenthèse du schwa.

Dell (1985): 236 constate une généralisation de l'emploi du schwa épenthétique: "tout mot qui se prononce [XCC] devant une pause ou une voyelle peut se prononcer [XCCə] devant une consonne" (un testE simple, un conceptE clé, le strictE minimum, matchE nul ...).

[2] Les obstruantes ou les non-sonantes sont: p, t, k, ʃ, s, f et leurs complémentaires sonores. D'après le corpus de Malécot (1977): 31 sq., le groupe liquide+ ə s'efface dans êtRE dans 86%, dans quatRE dans 100%, dans exemPLE dans 76% et dans possibLE, faisabLE etc. (donc les adjectifs en /-BL/) dans 77% des cas.

EFFACE-L (fac)   Lə -> ∅ / O _ _ # C

Lorsqu'un schwa en syllabe finale est précédé d'un groupe OL et que le mot suivant commence par une consonne, on peut laisser tomber la liquide avec le schwa ou garder les deux.[1]

Pour clore ce paragraphe, étudions encore deux cas: schwa final devant un h-aspiré et schwa après une voyelle.

De même qu'on ne peut pas effacer une voyelle devant un mot commençant par un *h-aspiré*, de même le schwa ne s'efface jamais devant un *h-aspiré*. On prononce donc va *dehors*, *pas de hache*, *prends ce hareng*, *je halète*, *cette hache*.

Par contre, le schwa tombe toujours obligatoirement après une voyelle: devant une pause (*elle est partie*), devant un élément non-consonantique (*une jolie amie*), devant consonne (*elle est partie trop tôt*) et devant h-aspiré (*une jolie hachure*). Pour ce contexte, nous pouvons donc formuler la règle d'effacement du schwa suivante:

V-SCHWA-EFFACE: ə -> ∅ / V _ # X²

En regardant les règles étudiées jusqu'ici de plus près, on constate que les seuls schwas finals en polysyllabes qui puissent être prononcés facultativement sont ceux précédés par deux consonnes lorsque le mot suivant commence par une consonne (comme p.e. dans *l'aut(re) garçon* ou *le text(e) de Pierre*). On peut donc simplifier la description en disant que:

---

[1] Le choix de l'une ou de l'autre possiblité peut entraîner un certain changement de sens. Ainsi, si on prononce un livre d'art chinois comme

[ɛ̃livdarʃinwa]

ce syntagme n'a qu'une seule signification: (i) 'un livre qui traite d'art chinois'. Mais, si on réalise la liquide et le schwa en disant

[ɛ̃livrədarʃinwa]

cette prononciation évoquera, à côté de la signification (i) une deuxième signification, à savoir: (ii) 'un livre d'art qui est d'origine chinoise'.

[2] X signifie: n'importe quel contexte. Nous verrons plus bas qu'on doit généraliser cette règle puisque schwa ne se prononce jamais après une voyelle.

R1-schwa *Le schwa en finale de polysyllabe n'est jamais réalisé s'il se trouve à la fin d'un groupe rythmique ou s'il suit une voyelle.*

A l'intérieur d'un groupe rythmique, il peut être réalisé facultativement seulement s'il est précédé de deux consonnes et suivi d'un mot qui commence par une consonne.

Il doit être réalisé (i) s'il se trouve à l'intérieur d'un mot composé où la syllabe suivante porte l'accent et (ii) si, toujours à l'intérieur d'un groupe rythmique, la syllabe suivante porte l'accent principal.[1]

Résumons les règles concernant le schwa en finale de polysyllabe par le tableau I:

---

[1] En même temps, la règle R1-schwa montre que la règle T_2 de Schane (cf. le paragraphe 10.1) ne rend pas compte des faits parce qu'elle implique que les schwas en fin de syllabe sont toujours prononcés si le mot suivant commence par une consonne ou une liquide.

Tableau I

Le schwa en *FINALE* d'une polysyllabe

	§	# [-cons]	# C	# 'h
V _#	– elle est partie̸	– une jolie̸ amie	– elle est partie̸ trop tôt	– une jolie̸ hachure
V {C G} _#	– elle est petite̸ la maison est très vieille̸	– une belle̸ enfant lorsqu'il[1]	– la grande̸ rame une vieille̸ maison	+ cett<u>e</u> hache
V C Cn _#	– le cas inverse̸	– une porte̸ ouverte	+/– port(e)-bébé[2] le text(e) du discours	+ une fort<u>e</u> haine
V O L _#[3]	– une grande table̸	– une table̸ ovale	+/– un pauv(re)[3] vieillard	+ un pauv<u>re</u> hère

§ = pause; C_n = une ou plusieurs consonnes; O = obstruante; 'h = h-aspiré

- 118 -

Remarques

1) *Lorsque, jusque, puisque, parce que* conservent leur schwa final dans tous les autres cas.

2) Rappelons encore une fois qu'il faut prononcer le schwa dans ce contexte phonologique si la syllabe suivante porte l'accent: on prononce donc le schwa dans *porte-plúme* et dans *mets ta veste roúge* (voir les pages 114 sq.). Soulignons aussi que le schwa se prononce plus souvent après **sk, kt, lk** et **ks** qu'après la séquence **r+C**.

3) Ce groupe est, d'un point de vue logique, un cas spécifique de la séquence **V C Cn _#**. Nous distinguons ce cas explicitement pour montrer qu'on doit après ce groupe **V O L _#** et devant **#C** toujours *ou* prononcer la liquide avec le schwa *ou* ne pas prononcer les deux.

13.2.2 Les schwas à l'initiale d'un mot ou d'un groupe rythmique

Si le schwa se trouve en syllabe initiale de mot après une *seule* con-sonne, on peut distinguer deux possibilités: (i) la syllabe initiale se prononce après une pause, c'est-à-dire qu'elle se trouve à l'initiale d'un groupe rythmique; (ii) elle se trouve à l'intérieur d'un groupe rythmique. Regardons d'abord la possibilité (i) de plus près.

Etant donné que *venez ici* a deux prononciations possibles: [vənezisi] et [vnezisi], on peut formuler la règle facultative suivante:

SCHWA-INITIAL (fac):   ə -> $\emptyset$ /§ # C _
En position initiale derrière une pause, schwa peut tomber facul-tativement lorsqu'il est précédé d'une *seule* consonne.

Exemples: *r(e)venez demain / c(e)la ne fait rien / j(e)tez un coup d'oeil sur ... / c(e) travail est trop dur*[1]
Mais: *prenez deux tickets* (puisqu'il y a deux consonnes à l'initiale)

---

[1] Rappelons que cette règle ne s'applique pas si le mot suivant commence par un h-aspiré: je hausse les épaules.

Cette règle est, cependant, bloquée lorsque schwa se trouve entre deux occlusives: *debout / te casse pas la gueule / de quoi tu te plains?*[1]

Analysons ensuite le cas où schwa se trouve en syllabe initiale, mais à l'intérieur d'un groupe rythmique. En comparant des paires comme:

vieilles tenailles	*des t(e)nailles*
quel neveu	*mon n(e)veu*
il arrive demain	*il arrivera d(e)main*
ils veulent repartir	*ils voulaient r(e)partir*
une secrétaire	*la s(e)crétaire*
une espèce de scrupule	*pas d(e) scrupules*
un costume de sport	*un terrain d(e) sport*
feuille de chou	*pied d(e) chou*

on s'aperçoit que schwa ne tombe pas lorsque le mot précédent se termine par un segment non-syllabique (consonne ou glide). Il peut tomber facultativement lorsque le mot précédent se termine par une voyelle. Nous avons donc la règle:

SCHWA-INIT-**après V** (fac):   ə -> Ø / V # C _

Lorsque l'unique consonne qui précède schwa est à l'initiale de mot, schwa tombe facultativement si le mot précédent se termine par une voyelle.

---

[1] Signalons aussi que *que* et *ne* à l'initiale gardent leur schwa si le mot suivant commence par une consonne: *que c'est idiot! / ne pars pas!*
Malécot (1977) établit, pour ce type de contexte, la 'règle de fréquence' suivante : "Plus la première consonne est faible par rapport à la seconde, plus l'e-muet est instable" (28). La règle n'est valable que si la voyelle de la syllabe suivante n'est pas un schwa. Le schwa tombe donc presque toujours dans des cas comme (i), très fréquemment dans (ii) et moins souvent dans (iii):
(i)   j¢ pars / j¢ t'en veux / j¢ pense
(ii) j(e) donne / j(e) garde / j(e) buche
(iii) je mange / je n'en ai pas ...
Malgré le caractère imprécis de la notion "faiblesse" (ou "force") d'une consonne, on pourrait cependant, pour des raisons pratiques, accepter cette règle pourvu qu'on signale les restrictions citées ci-dessus où il faut toujours prononcer le schwa.

Cette règle implique en même temps qu'on doit prononcer le schwa si le mot précédent se termine par une consonne. Cependant, il faut souligner que cette règle connaît un grand nombre d'exceptions:

(i)   la plupart des noms propres gardent le schwa: *Renée, Nemours, Besançon, Geneviève ...*[1]

(ii) un relativement grand nombre de mots peu courants ou littéraires gardent toujours le schwa: *fenaison, fenêtrage, levain, pelade, bois pelard, guenon ...* mais aussi des mots plus courants comme *leçon, femelle, vedette* ou *peser*.

(iii) un petit nombre de mots – comme p.e. *semaine, je, cerise, chemise, fenêtre* et *petit* – peuvent perdre, dans une prononciation rapide, leur schwa initial même si le précédent se termine par une consonne ou une glide; on peut donc entendre *fin de semaine* ([fɛ̃dsmɛn]), *une belle chemise* ([ynbelʃmiːz]) ou *faut que je m'en aille* ([fokʒmɑ̃naj]).

Au lieu de parler d'*exceptions* on pourrait parler d'*irrégularités* de l'orthographe française; on devrait donc, dans les cas où le schwa ne tombe jamais, utiliser le phonogramme **oe** au lieu de **e** et écrire *foenaison* ou *Noemours* (au lieu de *fenaison* et de *Nemours*).

Avec ces distinctions, nous pouvons résumer ce paragraphe en formulant la règle R2-schwa:

R2-schwa   On prononce le schwa à l'initiale de mot après une seule consonne si le schwa se trouve, après une pause, entre deux occlusives ou, à l'intérieur d'un groupe rythmique, si le mot précédent se termine par une consonne.

Le tableau II illustre le comportement du schwa à l'initiale de mot si ce mot commence par une seule consonne.

---

[1] Il existe, par conséquent, des paires comme (i) J'ai vu Lesage vs j'ai vu l(e) sage, (ii) sans Chevalier vs sans ch(e)valier.

Tableau II

Le schwa à l'*INITIALE* d'une polysyllabe

	#C _	O_{cc} _ O_{cc}
§	+/− r(e)venez demain	+ de quoi tu te plains?
V #	+/− mon n(e)veu	+/− un p(e)tit garçon
{ C G } #	+ une secrétaire feuille de chou	+ une p(e)tite fille

13.2.3 Le schwa à l'intérieur des mots

Nous avons vu au dernier chapitre que la prononciation du schwa à l'initiale d'un mot dépend de ce qui précède ce mot. Mais ce n'est valable que si ce mot commence par une seule consonne. Si, au contraire, un mot commence par deux consonnes il n'est soumis à aucune influence du contexte. En effet, on peut s'apercevoir que les schwas précédés de **deux** consonnes ne tombent jamais au début et à l'intérieur d'un mot; on prononce donc *breton, crevaison, exactement, gouvernemental, malmener, mercredi, squelette*.
Ces exemples nous montrent que les deux consonnes constituent une sorte de mur qui protège le schwa du contexte, même s'il se trouve

en première syllabe d'un mot; c'est la raison pour laquelle nous dirons que le schwa en première syllabe après deux consonnes se trouve à l'intérieur de mot.

Si le schwa ne tombe pas après deux consonnes, il s'efface, au contraire, obligatoirement lorsqu'il suit une voyelle:

V-SCHWA-EFFACE: ə -> ∅ / V _[1]

Exemples: *je li¢rai / remerci¢ment* (mais: *débarquement*) / *vous jou¢riez* (mais: *vous formeriez*).

Le schwa tombe aussi dans le cas où il suit un groupe **V C**:

VC-SCHWA (obl): ə -> ∅ / V C _

Lorsque l'unique consonne qui précède schwa n'est pas à l'initiale de mot, schwa tombe obligatoirement.

Exemples: *feuill¢tez, tranquill¢ment, ach¢teur, prom¢ner,*

Dan¢mark, cent¢naire, souv¢nir, Fontain¢bleau ...[2]

Exceptions: *champe̲nois, dépe̲cer*[3] - *hôte̲lier*[4]

---

[1] C'est, en même temps, une généralisation de la règle V-SCHWA-EFFACE donnée plus haut (page 103). En effet, le schwa n'est jamais prononcé après voyelle.

[2] Rappelons qu'il faut prononcer le schwa dans malme̲ner, surge̲lé, exacte̲ment ou gouverne̲mental parce que le schwa est précédé de deux consonnes.

[3] Dell (1973): 229 cite encore: attenant et enchevêtrer. S'il est vrai que beaucoup de locuteurs hésitent dans le cas d'ench(e)vêtrer entre la réalisation et la non-réalisation du schwa, la plupart d'entre eux appliquent 'naturellement' la règle VC-SCHWA-INTER pour attenant en prononçant [atnɑ̃].

[4] Le cas de hôtelier est un exemple d'exception structurelle, car le schwa ne tombe jamais s'il est suivi, à l'intérieur d'un mot, d'une liquide plus yod (Lj). On devrait donc formuler la règle **VC-SCHWA** de la façon suivante:

Lorsque l'unique consonne qui précède schwa n'est pas à l'initiale du mot, schwa tombe obligatoirement - sauf s'il est suivi, à l'intérieur du mot, du groupe Lj (liquide plus yod).

Par conséquent, le schwa ne tombe donc pas dans chande̲lier ([ʃɑ̃dəlje]), mais dans guiche̲tier ([giʃtje]) - le schwa n'étant pas suivi d'une liquide. Il peut tomber dans près d(e) Lyon ([pred(ə)ljɔ̃]) parce que le groupe Lj n'appartient pas au même mot.

Nous avons déjà souligné que le futur et le conditionnel montrent une particularité parce que le schwa peut, dans ces formes, tomber même s'il est précédé de deux consonnes. Nous devons donc établir la règle suivante:

SCHWA-FUTUR (fac):   ə -> ∅ / _ r_F (r_F symbolise   le morphème **r** du futur ou du conditionnel)

Schwa précédé de deux consonnes tombe facultativement devant le morphème du futur, sauf derrière un groupe OL (obstruante-liquide).

Exemples: *tu parl(e)ras, il n'insist(e)rait pas, il se calm(e)ra*

La règle **SCHWA-FUTUR** prévoit que le schwa ne s'efface pas dans des groupes comme *tu rentreras* ou *il soufflera* parce que le schwa suit ici un groupe OL.

Avec ces règles, nous avons déterminé les contextes où le schwa s'efface obligatoirement ou facultativement. Ces règles impliquent, en même temps, qu'on doit prononcer le schwa obligatoirement dans tous les autres contextes. Résumons donc ce paragraphe en formulant la règle R3-schwa:

R3-schwa   On prononce le schwa, à l'intérieur d'un mot s'il est précédé d'au moins deux consonnes et, aux formes du futur et du conditionnel, s'il suit un groupe obstruante-liquide (OL).

Enfin, les règles de ce paragraphe sont illustrées par le tableau suivant:

Tableau III

Le schwa à l'*INTERIEUR* d'un mot

	_ X	_ r_F
X C C (sauf)	+ exact<u>e</u>ment	+/- il parl(e)ra
X O L	+ br<u>e</u>ton	+ il rentr<u>e</u>ra
X V	- remerci<u>e</u>ment	- je li¢rai
X V C	- souv¢nir[1]	- il dans¢ra

(X = une séquence quelconque de phonèmes; r_F = le morphème **r** du futur et du conditionnel)

Remarques

1) Rappelons l'exception suivante: si, dans ces contextes, le schwa est suivi d'un groupe **Lj** (liquide + yod), il faut prononcer le schwa – *hôt<u>e</u>lier*.

13.2.4 Quelques remarques sur les clitiques

Pour clore ce paragraphe, abordons le problème de la prononciation du clitique *ne* utilisé avec d'autres monosyllabes. Le français possède, outre le *ne*, huit monosyllabes qu'on peut répartir en deux séries (cf. Dell (1973): 254 sq.):

A: *je, de, ce, que*
B: *me, te, se, le.*

On constatera immédiatement que *ne* suit toujours les monosyllabes de A tandis qu'il précède toujours ceux de B – on a donc toujours **A #** *ne* ou **ne # B**. Ces distinctions établies, nous pouvons, avec Dell, formuler les deux généralisations suivantes:

G_A Lorsque dans une séquence *A # ne* l'élément A se trouve à l'initiale après une pause ou à l'intérieur après une seule consonne, ou le schwa du *ne* tombe ou les deux schwas sont maintenus.

Exemples: *ce n(e) sont pas mes amis / je n(e) stérilise pas / promets de n(e) le dire qu'à Jean / plutôt que de n(e) pas venir*

G_B Lorsque dans une séquence *ne # B* l'élément *ne* est précédé d'une voyelle, c'est seulement le schwa de *ne* qui peut tomber; lorsque *ne* se trouve à l'initiale après une pause, c'est toujours le schwa du B qui peut s'effacer.[1]

Exemples: *on n(e) te battra pas / tu n(e) le reverras pas / ne l(e) bats pas! / ne m(e) quitte pas ...*

Soulignons que *Jacques ne te bat pas* ne remplit pas cette règle parce que *ne* est précédé d'une consonne; on peut donc prononcer *Jacques ne te bat pas* ou *Jacques ne te bat pas*.

Enfin, signalons une règle pratique pour des groupes de deux clitiques (sauf *ne*) comme:

(i)   *je me demande / je le vois.*

Dans ces contextes, c'est toujours le schwa du deuxième clitique qui s'efface. Il y a, bien sûr, des exceptions à cette règle car on prononce toujours le deuxième schwa dans *ce que* et dans *je te*.[2]

---

[1]   Pour la deuxième partie de cette règle v. la note 1, p.120.
[2]   Cf. Malécot (1977): 29 sq.. Malécot ne traite pas le cas spécifique de ne bien que Dell (1973) ait déjà formulé les régularités exprimées par les règles G_A et G_B.

13.3 Le graphème E et le schwa

Le graphème E représente en syllabe fermée toujours un [ɛ]: *fermer*, *perdu*. Si le E est suivi d'une consonne double, la syllabe représentée peut être fermée ou ouverte. Les premières syllabes de *essence, terreur, ressembler, connaître* sont ouvertes et celles de *femme, mousse, gramme* sont fermées. Le E de la deuxième syllabe de *appeler* peut représenter un schwa qui, en règle générale, ne se réalise pas (*appeler* [aple]) ou un [ɛ]: *j'appelle* [ʒapɛl]. On constate la même alternance entre [ə] et [ɛ] dans *lever-lève* bien que le schwa de la première syllabe de *lever* soit réalisé.

L'orthographe française montre dans ce domaine une grande incohérence puisque l'alternance peut être marquée par une consonne double (*jeter-jette*) ou par un **è** (*achever-achève*) ou ne pas être marquée (*appeler-appel*). Malgré ces incohérences de l'orthographe, les structures phonologiques sous-jacentes sont simples et claires. On peut les expliquer par une seule règle d'*ajustement du schwa* (cf. Dell (1973): 198 sq.):

$$A_E \qquad \text{ə} \rightarrow \text{ɛ} \; / \; \_ \; \smile C_n \begin{Bmatrix} \# \\ \\ \text{ə} \; + \end{Bmatrix} \qquad \begin{matrix} \text{(a)} \\ \\ \text{(b)} \end{matrix}$$

($\smile C_n$ signifie une ou plusieurs consonnes qui appartiennent au même morphème)

Expliquons les deux sous-règles contenues dans cette règle d'ajustement du schwa.

(a) La première sous-règle (ə -> ɛ / _ C_n #) signifie que le schwa se réalise comme [ɛ] lorsqu'il se trouve devant consonne en position finale. Cette règle explique donc l'alternance de *modeler-modèle, acheter-achète*[1], *appeler-appel, hôtelier-hôtel*.

(b) Par la deuxième sous-règle (ə -> ɛ / _ C_nə +) nous pouvons décrire les paires *achever-achèvement, appeler-appellera, sevrer*

---

[1] Dans ces deux exemples, il faut, bien sûr, d'abord appliquer la règle de la suppression du schwa final.

sèvrera, hôtel-hôtellerie, soulever-soulèvement c'est-à-dire des contextes où le schwa, à l'intérieur d'un mot est suivi d'une ou de plusieurs consonnes plus d'un autre schwa qui se trouve devant une frontière de morphème (+).[1]

Si l'on compare *appeler-appel-appelera* avec *compléter- complet complétera* ou avec *régner-règne-régnera*, on s'aperçoit que la règle d'ajustement du schwa est aussi valable pour l'alternance e-ε:

compléter [kɔ̃plete] - *complet* [kɔ̃plɛ] relève de la sous-règle (a),

compléter [kɔ̃plete] - *complétera* [kɔ̃pletra] de la sous-règle (b).

En regardant des paires comme *insérer-insertion, protéger-protection, gérer-gestion* de plus près on remarque qu'on doit ajouter une troisième règle (c) aux deux premières puisque le [e] se trouve dans ces exemples devant deux consonnes:

(c) e -> ε / _ C C

Pour montrer le caractère général des trois règles (a)-(c) on peut intégrer cette règle à la règle d'ajustement et écrire:

$$A_E \quad \begin{Bmatrix} \mathrm{ə} \\ \\ \mathrm{e} \end{Bmatrix} \quad \to \quad \epsilon \ / \ \_ \ C_n \begin{Bmatrix} \# \\ \mathrm{ə} + \\ C \end{Bmatrix}$$

(a)
(b)
(c)

Il va de soi que cette règle d'ajustement s'applique **avant** les autres règles concernant le schwa développées au paragraphe précédent.

Cette règle d'ajustement de schwa en syllabe fermée implique que seuls les schwas de la dernière syllabe du radical peuvent être ajustés; p.e. *hôtEllerie*, mais non la premier syllabe de /sEmel/ dans *ressEmeler*. Morin (1988): 147 sq. cite quelques exemples où des locuteurs ajustent ces syllabes en prononçant le E dans les mots suivants comme [ε]:

(*i*) *brEveter, crEvettier, GEnevois, gEnévrier, chEvecier, gEnevrette, grEneler, ressEmeler, sEneçon.*

---

[1] Dans chant+e+r+a on a trois frontières de morphème, dans achèv+e+ment on n'en a que deux.

Morin montre aussi que l'ajustement prévu par la règle A_E n'est que facultatif dans des mots comme:

(*ii*) *chEvreter, lEvretter, grEneler.*

Il cite, ensuite, plusieurs exemples qu'il a "fréquemment notés dans la conversation spontanée" (Morin (1988): 149):

(iii) j'achèterai   ->   [ʒaʃtre]   au lieu de   [ʒaʃetre]

     je jetterai   ->   [ʒəʃtre]   au lieu de   [ʒəʒetre]

Et, enfin, il constate une "grande fluctuation entre les formes avec et sans [ɛ]" (150) dans les dérivés comme:

(*iv*) *briquEterie, grainEterie, louvEterie, marquEterie, panetErie,*

     papEterie, pellEterie ...

Ces exemples amènent Morin à abondonner la règle d'ajustement du schwa.[1] Cette conclusion est-elle nécessaire? Nous ne le croyons pas parce que la règle d'ajustement du schwa fonctionne toujours *pour la majorité* des locuteurs français *dans la plupart* des cas. Si certains flottements comme pour les dérivés avec *-erie* se forment, on peut, sans difficulté, rendre compte de cet emploi en soulignant que, dans ces cas-là, la règle en question n'est pas obligatoire, mais seulement *facultative.*

Ces exemples de Morin ne montrent-ils pas de nouveau que la plupart des règles grammaticales ou phonologiques admettent des exceptions, et, surtout, qu'une langue connaît des zones d'une grande régularité et d'autres où les locuteurs ont une liberté de choix? Une langue est un produit humain qui se transforme sans cesse en s'adaptant aux besoins de la communication; *parler* est une *activité* humaine et sociale qui sert à la communication, mais aussi à la distinction sociale. D'où les changements permanents d'une langue.

---

1   Dans son article, il n'aborde pas la question de l'ajustement du /e/ qui est aussi contenu dans la règle de Dell.

LE SCHWA: QUESTIONS

1. Voici des exemples donnés par Rothe (1972): 83 pour la 'loi des trois consonnes': *une question de style* [ynkɛstjɔ̃dstil], *tu me plais* [tymplə], *filtre de cigarette* [filtrdəsigarɛt], *disque bleu* [diskblø]. Dites en quoi ces transcriptions correspondent ou ne correspondent pas aux règles développées dans ce chapitre.

2. Quelle est la différence entre la règle PAUSE et la règle ELISION?

3. Formulez les règles où on peut, à l'intérieur d'un groupe rythmique, réaliser facultativement le schwa.

4. Reformulez les règles R1-schwa et R2-schwa en ne distinguant que les cas où la prononciation du schwa est obligatoire ou facultative.

5. *Donnez d'autres exemples pour la règle d'ajustement A_E. Discutez la critique de Tranel (1988) et de Morin (1988). Les arguments de ces auteurs vous semblent-ils être pertinents?

6. Comparez les règles données dans ce chapitre avec la description du schwa dans Malécot (1977): 28 sq..

LE SCHWA: EXERCICES

1) Faites correspondre les exemples suivants aux règles données ci-dessus:
   une chaise orange; celle du maire; Mme B., directrice à l'école des filles; une belle ruelle de la ville; mon amie; il est trop bête; je balaierai; un groupe de gens; une vieille dame; elle est perverse; Jacques cherche une secrétaire.

2) Dans les phrases suivantes, indiquez les cas de suppression du schwa a) obligatoires b) facultatives:

*Tout le monde rentre à la maison; le dernier bateau d'O. de Ker-
sauson s'appelle "un autre regard"; mine de rien, le plus tenace
des journalistes organise de formidables retrouvailles; boulever-
sée, elle enveloppe de son regard Madeleine; une aide promotion-
nelle sera créée pour l'aide à l'architecture; vous en êtes encore
aux balbutiements en ce qui touche le développement touristique;
ce problème vous concerne-t-il également?*

3) Comparez les différentes écritures et prononciations dans les
   groupes suivants:
   - *un événement, une élève, une pèlerine, un revolver, une pelis-
   se, pêle-mêle, la netteté, le torero*
   - *autrement, il jouera, un armement, une omelette, retenir, le dé-
   nuement, justement, indemne, un atelier, promener, mercredi, surgelé*
   - *une ressemblance, restaurer, se ressaisir, la restitution, la res-
   source, resquiller, le ressort, ressuyer*
   - *Languedoc, les Gobelins, Mitterrand, Catherine, Clemenceau,
   Robespierre, Domremy, Rennes, Noël.*

4) Justifiez les suppressions des schwas faites dans ce récit
   spontané:
   *Le matin, je me lève vers les sept heures et demies, je prends
   tranquillement le petit déjeuner, je joue avec le chat, je lui donne à manger; c'est la grande occupation du matin. Bon, après ça,
   je prends une douche et je m'habille. Je pars de la maison vers
   huit heures et quart, huit heures vingt. Je suis toujours pressée
   mais j'essaye de ne pas arriver en retard au bureau. Je n'ai pas
   beaucoup de temps pour déjeuner le midi parce que je préfère
   rentrer plus tôt. Je rentre à pied, c'est plus agréable que de
   reprendre le métro. Ou quelquefois, on vient me chercher. Et
   voilà, ce que c'est qu'une journée de travail.*

5) Expliquez le maintien du schwa dans les expressions suivantes:
   *fais-le attendre; ce à quoi il faut penser; René Lepic; la belle
   guenon était la vedette; te dérange pas; exactement, je n'aime pas*

le surgelé; il y a presque toujours quelques exceptions; le beurre breton; il va dehors; ces couleurs lui rehaussent le teint, garde-fou, mets ta veste blanche.

6) Lisez et analysez l'extrait suivant. Discutez les différentes lectures possibles:

"– Monsieur le marquis, fit-il, il s'agit de notre fille.

Ah! ... dit l'autre.

– Je viens vous parler d'homme à homme. Depuis cinq jours qu'on s'est aperçu de la chose, j'ai réfléchi, j'ai pesé le pour et le contre; il n'est que de parler pour s'entendre, et j'aime mieux vous voir avant d'aller plus loin. On n'est pas des sauvages, après tout!

– Aller où? ... demanda le marquis.

Puis il ajouta tranquillement, du même ton:

– Je ne me moque pas de vous, Malorthy, mais, nom d'une pipe, vous me proposez une charade! Nous sommes, vous et moi, trop grands garçons pour ruser et tourner autour du pot. Voulez-vous que je parle à votre place? Hé bien! la petite est enceinte, et vous cherchez au petit-fils un papa...Ai-je bien dit?" (Bernanos, *Sous le soleil de Satan*).

9) Retrouvez l'orthographe des mots ou expressions suivantes:

[ɑ̃ʃəvetre]; [depəse]; [padəaʃ]; [malməne]; [skələtik]; [merkrədi]; [ebrɑ̃lmɑ̃]; [ʃəvalje:r]; [ʃwiŋgɔm]; [dmibutej]; [dɔnləmwa]; [lərləvœrdəkɔ̃tœ:r]; [tysufləra]; [ləptiʃu]; [dəbomɔdla:ʒ]; [ilarivradmɛ̃parltrɛ̃dəɥitœ:r]; [ləbrɑ̃lbadkɔ̃ba]; [ilvœlrəparti:r].

REFERENCES BIBLIOGRAPHIQUES

Ågren,J., 1973, Etude sur quelques liaisons facultatives dans le français de conversation radiophonique. Fréquences et facteurs, Uppsala: Acta Universitatis Upsaliensis

Anderson,S.R., 1982, "The analysis of French schwa: or, how to get something for nothing", in: Language 58, 534-573

Artaud,M.C./Martin,P., 1968, "Répartition de l'énergie articulatoire en français canadien et en français standard", in: Léon,P.R. (éd.), Recherches sur la structure phonique du français canadien, Montréal/Paris/Bruxelles (Studia phonetica 1), 145-160

Barret,L., 1968, Méthode de prononciation du français, Paris: Didier

Basbøll,H., 1988, "Sur l'identité phonologique du schwa français et son rôle dans l'accentuation et dans la syllabation", in: Verluyten (1988), 15-41

Blanche-Benveniste,C., 1986, Compte rendu de Klausenburger (1984), in: Bulletin de la Société linguistique de Paris 81, 253-255

Börner,W., 1977, Die französische Orthographie, Tübingen: Niemeyer

Bourciez,E. et J., 1967, Phonétique française: étude historique, Paris: Klincksieck

Bourdieu,P., 1982, Ce que parler veut dire, Paris: Fayard

Brunot,F., 21966, Histoire de la langue française des origines à 1900, Paris: A. Colin (1re éd.1905-1935)

Brünjes,B., 1984, Gebrauch und Funktion der Liaison im Französischen, Staatsarbeit Hannover

Calvet,L.-J., 1974, Linguistique et colonialisme, Paris: Payot

Carton,F., 1979, Introduction à la phonétique française, Paris: Bordas

Catach,N., 1986, L'orthographe française. Traité théorique et pratique, Paris: Nathan

Certeau, Michel de et. al., 1975, Une politique de la langue, Paris: Gallimard

Chomsky,N./Halle/M., 1968, The sound pattern of English, New York: Harper and Row (trad. française 1973, Principes de phonologie générative, trad. de P. Encrevé, Paris: Seuil)

Cornulier de B./Dell,F.(éd.), 1978, Etudes de phonologie française, Paris: CNRS

Coseriu,E., 1973, Probleme der strukturellen Semantik, Tübingen: Narr

Delattre,P., 1966, Studies in French and comparative phonetics, The Hague: Mouton

Delattre,P., 1966b, "Les dix intonations de base du français", in: French Review 40, 1-14

Dell,F., 1973, Les règles et les sons. Introduction à la phonologie générative, Paris: Hermann

Dell,F., 1973b, "Two cases of exceptional rule ordering", in: Kiefer,F./ Ruwet,N., Generative grammar in Europe, Dordrecht: Reidel, 141-153

Dell,F., 1978, "Epenthèse et effacement de schwa dans des syllabes contiguës en français", in: Cornulier/Dell (1978), 75-81

Dell,F., 1985, Les règles et les sons. Introduction à la phonologie générative, Paris: Hermann (édition corrigée et augmentée de l'édition de 1973)

Désirat,C./Hordé,T., 1976, La langue française au 20e siècle, Paris: Bordas

Duchet,D.D., 1981, La phonologie, Paris: PUF

Dumas,D., 1978, "La querelle des abstraits et des concrets, ses a priori idéologiques et la liaison de pluriel en français contemporain", in: Cornulier/Dell (1978), 83-106

Encrevé,P., 1983, "La liaison sans enchaînement", in: Actes de la recherche en sciences sociales, 46, 39-66

Felixberger,J., 1976, "Phonologische Probleme an der Morphemgrenze im Französischen", in: Stimm,H. (éd.), Aufsätze zur Sprachwissenschaft (I), Zeitschrift f. französische Sprache u. Literatur, Neue Folge, Beiheft 3, Stuttgart: F. Steiner, 110-139

Fouché,P., 1956, Traité de prononciation française, Paris: Klincksieck

Fouché,P., 21966, Phonétique historique du français, vol. III, Paris: Klincksieck

Fouché,P., 21969a, Phonétique historique du français, vol.II, Paris: Klincksieck

Gaatone,D., 1979, "Liaison et structure syllabique en français", in: Le français moderne 47, 312-334

Gadet,F., 1989, Le français ordinaire, Paris: A. Colin

Gougenheim,G,, 1935, Eléments de phonologie française, Paris: Les Belles Lettres

Grammont,M., 1951, La prononciation française, Paris: Delagrave

Hammarström,G., 1972, Französische Phonetik, Tübingen: G. Narr

Heger,K., 1968, "Die liaison als phonologisches Problem", in: Baldinger,K. (éd.), Festschrift Walther von Wartburg zum 80. Geburtstag, 2 vol., Tübingen: Niemeyer, 467-484

Ineichen,G., 1989, "Sprachvergleich zwischen Französisch und Deutsch", in: Paderborner Universitätsreden 18, 1-17

Kammans,L.-P., 1960, La prononciation française d'aujourd'hui, Amiens

Kiparsky,P, 1973, "Phonological representations", in: Fujimura, O. (ed.). The three dimensions of linguistics theory, Tokyo: TEC, 1-136

Klausenburger,J., 1984, French liaison and linguistic theory, in: Zeitschrift f. französische Sprache u. Literatur, Neue Folge, Beiheft 10, Stuttgart: F. Steiner

Klein,H.-W., 41973, Phonetik und Phonologie des heutigen Französisch, München: Hueber

Léon,P.-R., 41978, Prononciation du français standard, Paris: Didier

Léon,P.-R./Martin,P., 1970, Prolégomènes à l'étude des structures intonatives, Montréal/Paris: Didier

Malécot,A., 1977, Introduction à la phonétique française, The Hague: Mouton

Malmberg,B., 41962, La phonétique, Paris: PUF

Martinet,A., 1960, Eléments de linguistique générale, Paris: A. Colin

Martinet,A., 21971, La prononciation du français contemporain, Genève: Droz

Martinet,A./Walter,H., 1973, Dictionnaire de la prononciation française dans son usage réel, Paris: France-Expansion

Martinet,J., 1988, "Un traitement fonctionnel de la liaison en français", in: Folia linguistica 22, 293-299

Mayerthaler,W., 1974, Einführung in die generative Phonologie, Tübingen: Niemeyer

Morin,Y.-Ch, 1988, "De l'ajustement du schwa en syllabe fermée dans la phonologie française", in: Verluyten (1988), 133-189

Morin,Y.-Ch./Kaye,J.D., 1982, "The syntactic bases for French liaison", in: Journal of linguistics 18, 291-330

Noske,R., 1988, "La syllabification et les règles de changement de syllabe en français", in: Verluyten (1988), 43-88

Rothe,W., 1972, Phonologie des Französischen, Berlin: E. Schmitt

Saussure,F.,de, 1916/1969, Cours de linguistique générale, Paris: Payot

Schane,S.A., 1967, "L'élision et la liaison en français", in: Langages 8, 37-59

Schane,S.A., 1968, French phonology and morphology, Cambridge/M.: M.I.T. Press

Schane,S.A., 1974, "There is no no French truncation rule", in: Campbell,R. et al. (ed.), Linguistic studies in Romance languages, Washington: Georgetown Univ. Press, 89-99

Scherfer,P., 1983, "Natürliche Phonologie und Struktur des Französischen", in: Linguistische Berichte 86, 14-28

Selkirk,E., 1974, "French liaison and the X notation", in: Linguistic Inquiry 5, 573-590

Settekorn,W., 1988, Sprachnorm und Sprachnormierung in Frankreich, Tübingen: Niemeyer

Stein,P., 1984, Kreolisch und Französisch, Tübingen: Niemeyer

Tranel,B., 1978, "The status of nasal vowels in Modern French", in: Studies in French Linguistics 1/2, 27-70

Tranel,B., 1981, Concreteness in generative phonology. Evidence from French, Berkeley: Univ. of California Press

Tranel,B., 1988, "A propos de l'ajustement en français", in: Verluyten (1988), 89-131

Trubetzkoy,N.S., [5]1971, Grundzüge der Phonologie, Göttingen: Vandenhoeck & Ruprecht

Walter,H., 1988, Le français dans tous les sens, Paris: R. Laffont

Valdman,A., 1978, Le créole: structure, statut et origine, Paris: Klincksieck

Verluyten,S.P. (éd.), 1988, La phonologie du schwa français, Amsterdam: J. Benjamins

Weinrich,H., 1961, "Phonologie der Sprechpause", in: Phonetica 7, 4-18

Werner,O., 1972, Phonemik des Deutschen, Stuttgart: Metzler

Wunderli,P. et al., 1978, Französische Intonationsforschung. Kritische Bilanz und Versuch einer Synthese, Tübingen: G. Narr

Zink,G., 1986, Phonétique historique du français, Paris: PUF